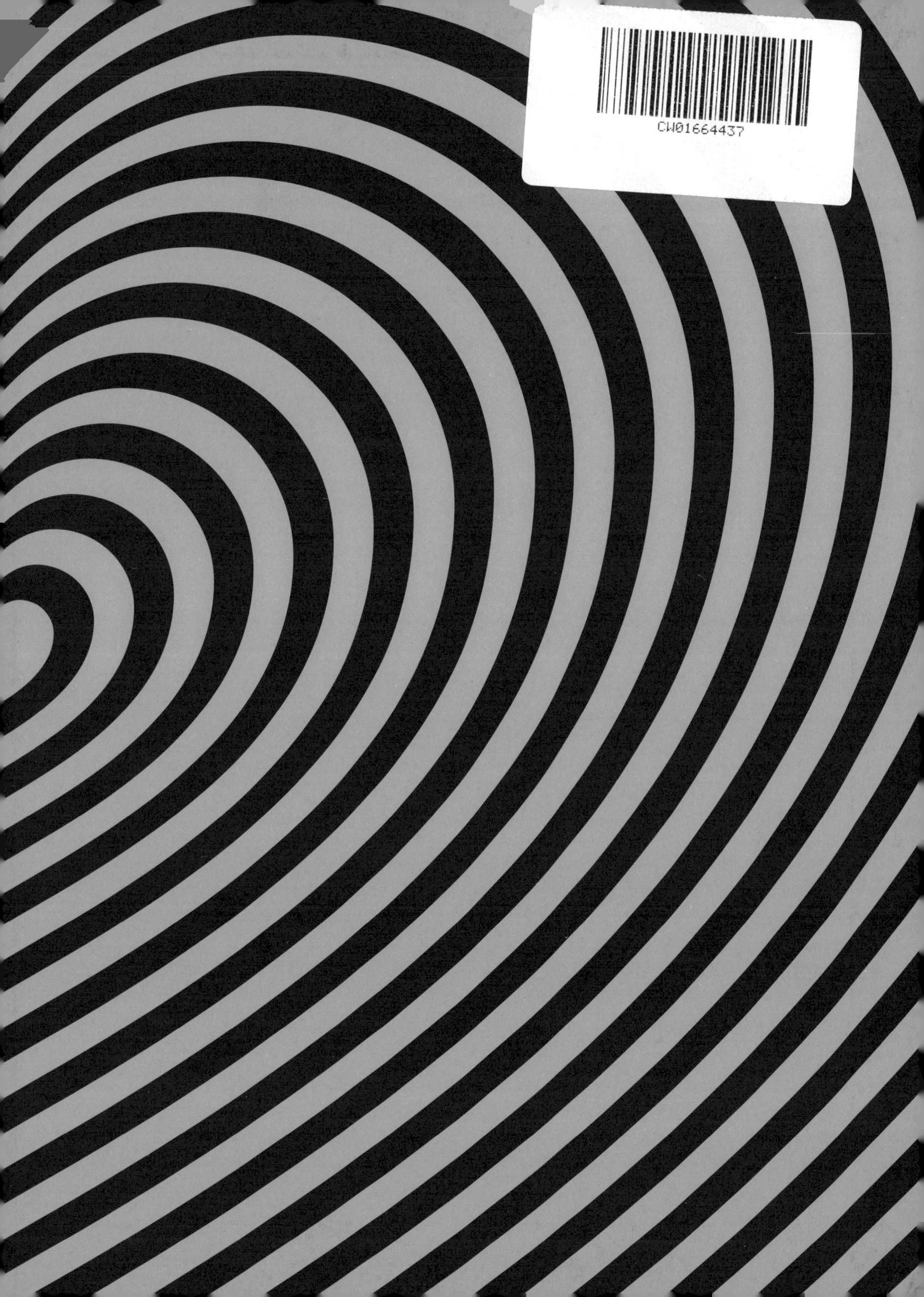

● Coédition | *Co-publishers*
Musée d'art contemporain de Lyon
Ikon
Bernard Chauveau Édition

Musée d'art contemporain de Lyon
Cité internationale
81, quai Charles de Gaulle
69006 Lyon
www.mac-lyon.com

Ikon Gallery
1 Oozells Square, Brindleyplace
Birmingham, B1 2HS
www.ikon-gallery.org

Ikon Gallery Limited trading as Ikon
Registered charity no. 528892
Ikon is supported using public funding by the National Lottery through Arts Council England, and Birmingham City Council.

Bernard Chauveau Édition
13, rue d'Alexandrie
75002 Paris
www.bernardchauveau.com

● Impression | *Printing*
PBtisk, Příbram, République tchèque

● Diffusion et distribution |
Diffusion and distribution
DOD&Cie

● Typographie | *Typography*
Universal Sans Display (Family Type)
Computer Modern (Donald Knuth)

● Papiers | *Papers*
Woodstock Rosa 80 g/m²
Arena White Rough 140 g/m²
Symbol Matt + 130 g/m² (Intérieur | *inside*)
Jade Riccio 115 g/m²
Woodstock Rosa 140 g/m² (couverture | *cover*)

Ouvrage | Publication

Cet ouvrage est publié à l'occasion de l'exposition *Friends in Love and War – L'Éloge des meilleur·es ennemi·es*, présentée au macLYON du 8 mars au 7 juillet 2024, puis à l'Ikon Gallery (Birmingham) à l'automne, hiver 2024/2025. | *Published to coincide with the exhibition* Friends in Love and War – L'Éloge des meilleur·es ennemi·es *presented at macLYON from 8 March to 7 July 2024, then at Ikon Gallery (Birmingham) autumn, winter 2024/25.*

● Équipe éditoriale | *Editorial Team*
Musée d'art contemporain de Lyon :
Marilou Laneuville, Lola Carrel
Ikon Gallery: Melanie Pocock, Lucy Mounfield

● Bernard Chauveau Édition
Direction éditoriale | *Editorial Director*
Bernard Chauveau
Éditrices | *Editors*
Pascaline Boucharinc, Élisabeth Maset

Nous tenons à remercier les autrices de cet ouvrage pour leurs contributions | *We would like to thank the authors of this catalogue for their contributions:*
Marilou Laneuville, Melanie Pocock, Camille Toffoli
Ainsi que | *As well as:*
Auregann Le Bouffant, Lucy Mounfield

● Traduction | *Translation*
Anglais | *English* : Jeremy Harrison
Français | *French* : Jean-Léon Muller

● Relectures et corrections |
Editing and Proofreading
Français | *French* : Tiffany Nortier
Anglais | *English* : Juliet Powys
Ainsi que | *And* : Lola Carrel, Marilou Laneuville, Auregann Le Bouffant, Éléa Rousset, macLYON
Melanie Pocock, Lucy Mounfield, Ugbad Yussuf, Ikon

● Conception graphique | *Graphic Design*
Léa Audouze & Margot Duvivier

● Iconographie | *Iconographer*
Milène Jallais, macLYON

● Photogravure | *Photo-engraving*
Bernard Lafont, Les Artisans du Regard

Friends in Love and War

L'Éloge des meilleur·es ennemi·es

Avec le soutien de | *With the support of*

BRITISH COUNCIL Royaume-Uni/France Spotlight 2024

⁂
Ne sachant pas exactement comment cela nourrirait mon processus d'écriture, j'ai entrepris de dresser la liste de mes ami·es d'adolescence et de consigner mes souvenirs liés à elleux. J'ai réalisé que cette période de ma vie a été lourde en émotions – sans doute l'effet des nombreuses premières fois – mais vide d'activités. Je me souviens surtout de dimanches après-midi où mes ami·es et moi nous retrouvions au parc pour boire de la limonade en nous berçant nonchalamment sur les balançoires. De longues heures passées sur le lit d'un·e d'entre nous, affalé·es, à écouter des albums de musique en commentant les paroles de chaque chanson. Pendant ces journées sans grand rebondissement, nous avions rarement quoi que ce soit de palpitant à nous raconter, jamais de grandes nouvelles à nous annoncer. Nous suivions les mêmes cours, regardions les mêmes films, avions des conflits similaires avec nos parents. Il m'est difficile de me rappeler le contenu précis de nos conversations, mais je me souviens qu'elles étaient souvent lentes, entrecoupées de silences, pleines de répétitions. Pourtant, nous ne remettions jamais en question la pertinence de nos rencontres. Surtout, jamais nous ne nous sommes dit qu'il faudrait faire quelque chose de plus productif de nos journées, autre que simplement *être ensemble*.

Même lorsque nous avons commencé à travailler à temps partiel et que la quantité de temps libre à notre disposition a considérablement diminué, nous avons continué pendant un certain temps à cultiver cette aptitude à l'oisiveté. J'ai le souvenir de soirées entières passées à plusieurs dans un petit marché, ouvert 24h/24, où une amie travaillait les fins de semaine. Nous nous lisions à voix haute les rubriques de journaux à potins et essayions d'imaginer la vie des client·es qui passaient la porte. Mon amie bâclait le ménage du magasin à la fin de son quart de travail. Être une mauvaise employée ne la dérangeait pas, elle devait seulement s'assurer de ne pas être renvoyée. Les fous rires et les confidences qui émergeaient de temps à autre au milieu de notre papotage avaient beaucoup plus de sens qu'une hypothétique reconnaissance de la part de son patron. De notre côté, il ne nous est jamais venu à l'esprit de faire des plans de soirée plus constructifs, comme se cuisiner des repas ou faire de « vraies activités ».

⁂
Not knowing exactly how it would feed into my writing process, I set about making a list of my teenage friends and writing down my memories of them. I realised that that period of my life was heavy with emotional experiences – no doubt the effect of doing so many things for the first time – but empty of activity. Mostly I remember Sunday afternoons when my friends and I would meet in the park to drink lemonade and sit nonchalantly on the swings. Long hours spent lying on our elbows on someone's bed, listening to albums and commenting on the lyrics of each song. During those uneventful days, we rarely had anything exciting to talk about, never any important news to share. We took the same classes, watched the same films, had similar arguments with our parents. I have trouble remembering what our conversations were actually about, but I do remember that they were often slow, interspersed with silences and involved a lot of repetition. Yet we never questioned the validity of our gatherings. Above all, none of us ever said that we ought to be doing something more productive with our time apart from just *being together*.

Even when we started working part-time and the amount of free time we had had was considerably less, we still carried on cultivating this aptitude for idleness. I remember spending whole evenings together in a small 24/7 convenience store where one of our friends worked at weekends. We'd read the gossip columns out loud to each other and try to imagine the lives of the customers who came through the door. At the end of her shift, my friend would half-heartedly tidy up the shop. She didn't mind being a bad employee, she just had to make sure she didn't get fired. The giggling fits and confidences that occasionally arose in the course of our chatter were far more meaningful than any hypothetical recognition from her boss. As for us, it never occurred to us to do anything more constructive with our evenings, like cooking ourselves meals or doing 'proper activities'.

⁂
These days my days are crammed with lists of tasks to finish, contracts to sign, films to see and shopping to get done. I'm hardly ever bored, but my friendships are correspondingly less intense.

⁂

Aujourd'hui, alors que mon quotidien est saturé par les listes de tâches à terminer, de contrats à boucler, de films à aller voir et de courses à faire, je ne m'ennuie presque jamais, mais mes rapports amicaux sont de moins en moins intenses. Même si je compte plusieurs ami·es proches à qui je peux me confier sans pudeur, ces longs moments d'ennuis partagés n'existent plus. Et il y a – cela m'apparaît évident avec le recul – des complicités particulières qui se créent lorsqu'on choisit de passer du temps avec quelqu'un·e sans tenter d'*accomplir* quoi que ce soit. J'ai l'impression que des aspects de notre personnalité ne peuvent pas s'exprimer dans un café ponctuel où on contrôle le récit de soi, que certaines parties de nous ne se révèlent qu'à travers le ressassement, les non-dits, les conversations *a priori* banales.

Ce rapport non productif au temps et aux rencontres, je l'ai cherché, dans les dernières années, à travers des expériences hallucinogènes. J'ai toujours privilégié d'en faire des projets de soirée ou d'après-midi avec des ami·es proches. Tous les moments passés à déambuler dans la ville, à observer le passage des nuages et des oiseaux dans le ciel, à se lover côte à côte dans des couvertures de laine, m'apparaissent précieux sur les plans affectifet intellectuel. J'ai l'impression que les substances hallucinogènes – et les expériences cognitives qu'elles promettent – nous autorisent une errance et une contemplation devenues pratiquement absentes de nos vies d'adulte. Surtout, elles créent des formes d'intimité inédites, parce qu'elles nous donnent le droit de laisser tomber les codes conversationnels, qu'elle permet aux grandes émotions et aux divagations de se côtoyer.

J'ai retrouvé un quotidien qui me rappelait à certains égards celui de l'adolescence au début de mon parcours universitaire, alors qu'une grève étudiante de plusieurs mois soulevait le Québec. Mon baccalauréat en études littéraires avait été mis en suspens du jour au lendemain. Comme la plupart de mes ami·es, je passais tout mon temps à manifester et à participer à des assemblées qui s'étendaient sur des journées entières. Nous nous écrivions le matin pour nous partager des articles de journaux et pour nous donner rendez-vous à tel ou tel rassemblement.

Even though I have a number of close friends that I have no qualms about confiding in, those long stretches of shared boredom just don't exist anymore. Special bonds develop – it's obvious with hindsight – when you spend time with people and make no attempt at getting anything done. I get the impression that there are aspects of our personality that don't come out over the occasional drink in a café where you are in control of the image you want to project, that there are sides to us that are only apparent when we chatter on about the same things, aspects of who we are that come out in what we don't say, or in seemingly banal conversations.

In the last few years, I've tried to achieve this non-productive approach to time and to socialise through hallucinatory experiences. I've made a point of doing it with close friends on occasional evenings or afternoons. I find those moments spent wandering around the city, gazing up at the clouds and the birds in the sky, or curling up next to each other in woollen blankets, both emotionally and intellectually rewarding. My impression is that hallucinogenic substances – and the cognitive experiences they induce – allow us to drift and to contemplate things in a way that has become virtually absent from our adult lives. Above all, they create entirely new kinds of intimacy because they encourage us to disregard the usual codes of conversation, allowing intense emotions and loose ramblings to exist side by side.

I rediscovered a way of life that reminded me in some ways of my teenage years at the start of my university career, when the whole of Quebec was in the grip of a student strike that went on for several months. My bachelor's degree in literature was put on hold overnight. Like most of my friends, I spent all my time demonstrating and taking part in assemblies that dragged on for whole days. We'd write to each other in the morning to share newspaper articles and to arrange to meet at this or that gathering. At times, we got hit with truncheons, or we would race down narrow streets to get away from the riot police. Shocked and indignant, we would talk about it afterwards over beers until the early hours of the morning. This collective resistance called for colossal efforts, except that actually we had few official obligations.

Parfois, nous avons reçu des coups de matraque ou couru à toutes jambes dans des ruelles pour fuir des policiers antiémeute. Ébranlé·es et révolté·es, nous en parlions ensuite en buvant des bières jusqu'au petit matin. Cette résistance collective appelait à des efforts colossaux, sauf qu'officiellement nous avions peu d'obligations. Nos seuls devoirs étaient dictés par notre propre sens de l'engagement. Alors que nous nous retrouvions d'ordinaire pour étudier et rédiger des travaux, nos actions étaient désormais dissoutes dans le mouvement de masse. Nous avions l'impression que nous pouvions rêver ensemble à des aspirations qui nous dépassaient, et cet état d'exception, où la notion de productivité individuelle n'existait plus, nous soudait. Nous y étions lié·es par une solidarité accrue.

⁂

Dans *La Communauté désœuvrée*[1] (1983), le philosophe Jean-Luc Nancy définit le désœuvrement comme l'état d'une communauté dont la formation ne serait pas assujettie à un projet défini, dont la seule finalité serait la rencontre des identités singulières. Sa pensée s'inscrit dans une mouvance de la philosophie continentale qui, à partir des années 1980, tente de repenser la notion même de communauté à l'aune de l'héritage contrasté du XXe siècle et de ses mouvements révolutionnaires. Les crimes commis pendant la Seconde Guerre mondiale au nom d'un idéal national, puis les nombreux bouleversements politiques qui marquent le monde occidental à partir des années 1960 (les mouvements de la décolonisation, l'agitation étudiante en France et ailleurs, les soulèvements populaires en opposition aux tendances autoritaristes et totalitaires du communisme soviétique) suggèrent l'incapacité des organisations politiques à instaurer et à assurer un vivre ensemble égalitaire et démocratique. Devant ce constat d'échec, Jean-Luc Nancy, à l'instar d'autres penseurs comme Maurice Blanchot ou Giorgio Agamben, cherche des manières d'être ensemble qui seraient politiques, sans être subordonnées à la politique (aux idéologies, aux projets nationaux, etc.).

1. Ce texte a connu plusieurs rééditions. Les citations intégrées ici sont tirées de la dernière édition, parue chez Christian Bourgois en 1999.

Any we did have were dictated by our own sense of commitment. Whereas usually we would get together to study and write papers, all our efforts now were subsumed into the mass movement. We had the impression that we could aspire collectively to things that were beyond our reach, and this special state, in which the notion of individual productivity no longer counted, had the effect of welding us together. We were bound by a heightened sense of solidarity.

⁂

In *La Communauté désœuvrée*[1] [The Inoperative Community, 1986], philosopher Jean-Luc Nancy redefines the community as a society that has not been designed according to pre-planned definitions. Nancy's thought belongs to a trend in continental philosophy which, from the 1980s onwards, attempted to rethink the notion of community in the light of the contrasting legacy of the revolutionary movements of the twentieth century. The crimes committed during the Second World War in the name of a national ideal, and then the many political upheavals that impacted the Western world from the 1960s onwards (decolonisation, student unrest in France and elsewhere, popular uprisings against the authoritarian and totalitarian tendencies of Soviet communism) suggested the inability of political organisations to establish and ensure an egalitarian and democratic way of living together. In the light of this failure, as he saw it, Jean-Luc Nancy, like other thinkers such as Maurice Blanchot and Giorgio Agamben, directed his thoughts towards ways of living together that would be political, without being subordinated to politics – ideologies, nationalist projects and so on. He considered it imperative to conceive of spaces in which individuals could come together in their own right, as individuals, without any hierarchical structure. 'Community cannot arise from the domain of work,' he proposed. 'One does not produce it, one experiences or one is constituted by it as the experience of finitude. [...]

1. Jean-Luc Nancy, Tr. by Peter Connor, Lisa Garbus, Michael Holland, and Simona Sawhney, *The Inoperative Community*, Minneapolis: University of Minnesota Press, 1991.

Il lui apparaît impératif de concevoir des espaces où les individus peuvent se retrouver en n'existant que pour elleux-mêmes, sans hiérarchie. Selon lui, « la communauté ne peut pas relever du domaine de l'*œuvre*. On ne la produit pas, on en fait l'expérience ». Elle est « en deçà ou au-delà de l'œuvre, cela qui se retire de l'œuvre, cela qui n'a plus à faire ni avec la production, ni avec l'achèvement, mais qui rencontre l'interruption, la fragmentation, le suspens ». Dans cette communauté où les interactions ne sont plus régies par des impératifs d'action ou de progrès, les individus se trouvent « infiniment exposés » les uns aux autres du fait qu'ils n'ont plus de rôle précis à jouer. N'ayant plus de rôle précis à jouer, les sujets se révèlent aux autres essentiellement pour ce qu'ils sont, et peuvent désormais prendre réellement la mesure de ce qui les lie et les distingue.

⁂

Mettre en parallèle *la puissance de désœuvrement* conceptualisée par Jean-Luc Nancy et l'emploi du temps des adolescent·es peut avoir l'air d'une comparaison grossière. Je pense toutefois qu'il y a quelque chose de foncièrement politique, une force sous-estimée dans cette capacité à dilapider les journées. Cette aptitude au *rien-foutage* se perd généralement quelque part au début de l'âge adulte. Alors que les gens décrochent des emplois dans lesquels iels souhaitent s'investir, avec des responsabilités qui justifient de se coucher tôt et de passer son dimanche soir à cuisiner pour la semaine. Alors qu'ils forment des couples qu'on qualifierait de « sérieux », relations qui viennent généralement avec une multiplication des soupers de famille et des fins de semaine au chalet. Alors que le temps libre devient une denrée rare, et qu'on se dit qu'il faudrait bien le consacrer à s'entraîner, à se cultiver, à faire du ménage ou à décorer nos appartements. Dans ce contexte qui apparaît comme « le cours normal de la vie », les rencontres amicales deviennent des retrouvailles ponctuelles qu'on planifie deux semaines à l'avance. On se retrouve pour un apéro ou un café pendant lequel on fait le topo de nos actualités personnelles. Puis, on se quitte au bout de quelques heures en se promettant de se revoir rapidement, en sachant très bien que nos agendas ne nous le permettront pas.

Community necessarily takes place in what Blanchot has called "unworking"[2], referring to that which before or beyond the work, withdraws from the work, and which, no longer having to do either with production or with completion, encounters interruption, fragmentation, suspension'. In this community, where interactions are no longer governed by imperatives of action or progress, individuals find themselves 'infinitely exposed' to one another because they no longer have a defined role to play. No longer having a defined role to play, the individuals reveal themselves to the others essentially for what they are, and are now in a position to properly gauge what it is that binds them together and sets them apart.

⁂

Drawing a parallel between Jean-Luc Nancy's concept of the 'power of idleness' (*puissance de désœuvrement*) and the way teenagers spend their time may seem like a crude comparison. However, I think there is something fundamentally political, a strength in this capacity to fritter whole days away which is largely underestimated. The aptitude for doing absolutely nothing usually gets lost somewhere in early adulthood. When people land jobs they're keen to commit to, with responsibilities that justify going to bed early and spending Sunday evenings cooking for the week. When they form what we might call 'steady' relationships, which generally come with an increase in family dinners and weekends at the cottage. When free time becomes a rare commodity, and we tell ourselves that we should spend it on working out, getting cultured, doing the housework or decorating our homes. In this context, which is seen as 'the normal course of life', friendships become one-off get-togethers that we plan two weeks ahead. We meet for a drink or a coffee, over which we catch up on each other's personal lives. Then we say goodbye after a few hours, promising to see each other again soon, knowing full well that our diaries won't allow it. Friendships that used to be at the centre of our daily lives now occupy a peripheral place, when they don't disappear altogether.

2. Translator's note: The connection between Nancy's concept of *désoeuvrement* and the present author's notion of 'doing nothing' is difficult to convey in English. The French word *oeuvre* contains the idea of 'work', as in 'work of art', 'artifice', etc.; Peter Connor's translation of Blanchot and Nancy's concept of *désoeuvrement* is 'unworking' (i.e., 'removing the notion of work'.) In everyday French (which is not specifically the sense in which Nancy uses the term), *désoeuvrement* means 'idleness', 'having nothing to do'.

Nous attendons de nos ami·es une parole bienveillante et juste, une parole libérée qui repose sur la confiance et nous permet de porter un regard introspectif sur nous-mêmes afin de nous accomplir.

Pendant très longtemps, nos sociétés ont prôné les relations familiales et amoureuses, en reléguant au second plan les relations amicales. bell hooks en a fait le constat il y a plus de vingt ans. Mais depuis quelques années, plusieurs autrices repensent la puissance des amitiés en remettant en cause le système patriarcal dominant qui fait de la famille nucléaire un des seuls modèles d'accomplissement. J'ai l'impression que cette jeune génération d'autrices s'empare de l'amitié et lui redonne la place essentielle qu'elle joue dans notre société, celle qu'elle doit réellement occuper selon moi. *S'engager en amitié* (2023) de l'autrice québécoise Camille Toffoli a été édité au moment où nous développions notre projet. Son point de vue sur l'amitié et la façon dont elle en explore les diverses facettes m'ont paru pertinents pour approfondir nos réflexions.

C'est la notion d'engagement qui m'a interpellée dans son livre. Camille Toffoli voit l'amitié « comme quelque chose qui mérite qu'on lui accorde de l'énergie et de la réflexion ». Elle affirme que nous devons donner de l'importance aux amitiés complexes, car les amitiés les plus profondes sont rarement dépourvues de failles et de malentendus. Je partage ce point de vue et la narration de l'exposition que nous présentons va aussi dans ce sens. Pour elle, notre investissement dans la gestion de conflits est le signe d'une intelligence émotionnelle qui a un impact conséquent sur les relations humaines. Elle souligne que la vulnérabilité des amitiés, ces espaces qui permettent les confidences sur ce qui nous affecte et nous préoccupe, est à l'origine de mobilisations et d'une solidarité souvent nécessaire pour transformer un état problématique que nous souhaitons voir évoluer. En effet, l'engagement collectif résonne indéniablement avec la force de résistance que procurent les amitiés. Ce qui nous lie les un·es aux autres a, je le crois, une puissance collective qui nous aide à sortir des impasses sociales et politiques dont tu parles.

For a very long time, society has emphasised family relationships and love relationships, while relegating friendships to the background. bell hooks made this point more than twenty years ago. But in recent years, several women authors have been rethinking the importance of friendship by challenging the dominant patriarchal system that sees the nuclear family as the only model for fulfilment. I get the impression that this younger generation of authors is reclaiming the notion of friendship and restoring it to the essential place it plays in our society, the place I believe it should really occupy. *S'engager en amitié* [A Commitment to Friendship] (2023) by Canadian author Camille Toffoli was published just as we were working out our project. Her take on friendship and the way she explores its various facets struck me as particularly relevant to what we were thinking about.

It was the notion of commitment that resonated with me in Camille Toffoli's book. She sees friendship 'as something that is worth giving energy and thought to'. She argues that we need to value complex friendships, because the deepest friendships are rarely without flaws and misunderstandings. I agree with this sentiment, and the narrative of the exhibition we are presenting is in line with it too. For Camille Toffoli, our investment in conflict management is a sign of an emotional intelligence that has a significant impact on human relationships. She stresses that the vulnerability of friendships, spaces in which we can confide in each other about what affects us and worries us, is the basis for rallying round, as we often must, in order to change a problematic state of affairs we are keen to make headway with. Because collective commitment resonates undeniably with the strength of resistance that friendship brings. What binds us to one another, I would say, has a collective potency that helps us move beyond the social and political impasses you mentioned. The spirit of camaraderie that such a commitment inspires is a way of making ourselves available to others and caring for them. There's something about the idea of caring that makes people rally round to challenge injustice. Friendship enables us to work together for a better life and to shatter the ever-present stereotypes that all too often isolate minoritised communities. Beyond the comfort and the feel-good aspects of friendship, it's this plural voice that galvanises community action and helps break down isolation.

L'esprit de camaraderie qu'un tel engagement suscite est une manière de se mettre au service des autres et d'en prendre soin. Cette notion du soin, de l'attention, a quelque chose qui poussent les gens à se rallier pour défendre des injustices. L'amitié permet de défendre ensemble un vivre mieux et casser les stéréotypes persistants qui isolent trop souvent les communautés minoritaires. Au-delà de l'amitié qui réconforte et qui fait nous sentir bien, il y a cette voix plurielle qui renforce l'action communautaire et rompt l'isolement.

Toutefois, je me demande quelle place doit avoir la solitude lorsque l'on parle d'amitié. La solitude permet de se retrouver pour mieux se dévoiler aux autres. Pour reprendre les mots de bell hooks : « Lorsque l'on apprécie la solitude, on apprécie la compagnie des autres sans les utiliser pour échapper à soi-même. » Il y a donc une distinction à faire entre l'isolement et la solitude. Le théologien Henri Nouwen, que cite bell hooks dans son ouvrage, affirme que : « si l'isolement est pénible, la solitude est paisible ». J'aime assez cette idée qui permet de comprendre ce qui les différencie vraiment. Il faut savoir trouver le réconfort dans la solitude, apprécier les moments où nous sommes seul·es pour favoriser un meilleur rapport avec les autres. L'amitié, c'est respecter la solitude dont l'autre a besoin. Mais il arrive que l'amitié se déchire brutalement et, contrairement aux relations romantiques, nous n'en parlons que très rarement. Il me revient en tête ces mots de la poétesse Sara Dignard dans son livre *Ghostée* (2023), « l'amitié manque parfois de courage ». En effet, elle est parfois le lieu de la déception et du chagrin. Être « ghosté·e » par un·e ami·e, vivre le rejet, provoque une grande souffrance.

Et puis, il y a les amitiés improbables, ou du moins celles que l'on croyait impossibles. Dès le début de nos échanges sur ce projet d'exposition, j'ai apprécié nos discussions autour de la notion de « meilleur·es ennemi·es ». *Bagdad Café*, réalisé par Percy Adlon en 1987, est un autre bel exemple de ce que sont de « meilleures ennemies ». Dans une Amérique éloignée, le destin de deux femmes très différentes se croise et fait naître une affection mutuelle. Jasmin Münchgstettner, une touriste allemande, est abandonnée par son mari sur le bord de la route en plein désert mojave.

All the same, I wonder where solitude fits in when we talk about friendship. Being alone gives us a better sense of who we are when we talk about ourselves to others. As bell hooks put it: 'When we can be alone, we can be with others without using them as a means of escape.' So there is a distinction to be made between loneliness and solitude. The theologian Henri Nouwen, whom bell hooks quotes in her book, says: 'Loneliness is painful; solitude is peaceful.' I quite like that idea; it helps understand what really makes them different. We need to find comfort in solitude, to value the moments when we are alone in order to establish a better relationship with other people. Friendship involves respecting the solitude that the other person needs. But friendships can sometimes break down very suddenly; it's something we rarely talk about, which is not the case with romantic relationships. The poet Sara Dignard in her book *Ghostée* [Ghosted] (2023) puts it well: 'friendship is sometimes short on courage.' In fact, friendship is sometimes a source of disappointment and grief. Being 'ghosted' by a friend, being rejected, can bring about great suffering.

And there are unlikely friendships, at least friendships that we might have thought impossible. When we first started talking about this idea for an exhibition, I liked our conversations about the notion of 'best enemies'. Percy Adlon's 1987 film *Bagdad Café* is a great example of 'best enemies'. The paths of two very different women cross in the remote depths of America, and this eventually leads to a mutual attachment. Jasmin Münchgstettner, a German tourist, is abandoned by her husband on the side of the road in the middle of the Mojave Desert. She seeks refuge in a run-down motel – the Bagdad Cafe – where she gets a cold reception from Brenda, the owner of the joint. Brenda's animosity towards Jasmin on her arrival gradually gives way to genuine sympathy for this woman who has come from so far away and who shows nothing but kindness. The painter Rose Wylie has captured the solidarity between the two heroines in her work *Bagdad Cafe (Film Notes)*, which is displayed in the exhibition. Jasmin and Brenda's friendship represents a form of resistance in a difficult social context. Despite the differences between them, their friendship is powerful enough to influence a situation that they both

Elle trouve refuge au Bagdad Café, un motel délabré où elle est mal accueillie par Brenda, la patronne du lieu. L'animosité de Brenda pour Jasmin à son arrivée se transforme petit à petit en une véritable sympathie pour celle venue de loin qui lui témoigne de la bienveillance. La peintre Rose Wylie traduit bien la solidarité qui lie les deux héroïnes dans son œuvre *Bagdad Cafe (Film Notes)*, que nous présentons dans l'exposition. L'amitié de Jasmin et de Brenda représente une forme de résistance face à un contexte social difficile. Malgré leur différence, leur amitié a le pouvoir de faire évoluer une situation qu'elles veulent voir changer et cela me rappelle à quel point les alliances ont du sens.

Je pense que les collaborations artistiques sont elles aussi des amitiés hors du commun, puisqu'elles favorisent des précieuses solidarités entre institutions, artistes et professionel·les. Notre rencontre à Singapour il y a neuf ans, pour l'exposition *Rendez-vous*, a été un événement marquant. J'ai participé à nombreuses de ces expositions dédiées à la jeune création et je réalise à quel point ces manifestations ont permis de nouer de vraies amitiés, notamment entre les artistes qui y ont participé. Dans le cas de notre amitié, je crois que ce sont notre admiration mutuelle et nos formidables discussions sur nos expériences artistiques qui nous ont poussées naturellement à sympathiser. Je te suis reconnaissante de m'avoir accordé ta confiance pour ce projet ambitieux qui fédère le macLYON, l'Ikon et le British Council. Nos efforts collectifs et l'aide précieuse de nos acolytes Lucy, Auregann et Lola, ainsi que toutes les équipes mobilisées à nos côtés, auront été remarquables.

Melanie, je te remercie sincèrement pour l'amitié que tu m'as témoignée tout au long de cette collaboration. Tu as su être la partenaire idéale d'un tel projet. J'espère que *Friends in Love and War : L'Éloge des meilleur·es ennemi·es* sera l'occasion de faire naître de nouvelles amitiés.

À notre complicité,

Marilou

want to see changed and this makes me think just how meaningful alliances can be. I think that artistic collaborations are also very special friendships, because they encourage a vital sense of solidarity between cultural organisations, artists and professionals. Our meeting in Singapore nine years ago, for the exhibition *Rendez-vous*, was a defining event. I've been involved in many similar exhibitions of work by young artists and I realise the extent to which that event helped to forge real friendships, particularly between the artists who took part. In the case of our own friendship, I think it was our admiration for each other and the wonderful conversations we had about our experiences in the art world that made it so natural for us to become friends. And over time, our friendship has grown even stronger. I'm grateful to you for trusting me on this ambitious venture, which has brought macLYON, Ikon and the British Council together in a truly meaningful project. Our joint labours and the invaluable help of our colleagues Lucy, Auregann and Lola, as well as the various teams who have worked alongside us, have been truly outstanding.

Melanie, I want to thank you very sincerely for the friendship you've shown me throughout this collaboration. You've been the perfect partner for a project like this. And I hope that *Friends in Love and War: L'Éloge des meilleur·es ennemi·es* will give rise to new friendships as precious as ours is.

Here's to the ties that bind us,

Marilou

18

Ne rien faire ensemble

Doing Nothing Together

Camille Toffoli

À l'hiver 2022, j'ai été approchée par les éditions Écosociété pour écrire un essai qui s'adresserait à un lectorat âgé de quinze à dix-huit ans. On m'a laissé carte blanche pour la thématique. Le public cible était la seule contrainte. Ayant étudié la littérature et travaillé comme libraire, j'ai beaucoup lu, mais n'ai jamais été spécialiste d'aucun sujet. En me demandant quel savoir utile je pourrais bien transmettre à une nouvelle génération, j'ai essayé de me replonger dans cette période charnière de ma propre vie, qui coïncide avec le début de mon engagement comme militante féministe, en essayant de cerner des apprentissages marquants. Il m'est vite apparu évident que mes réflexions les plus fécondes n'ont pas été inspirées par des lectures ou des conférences. Elles ont émergé grâce à mes rapports avec les autres : à travers les discussions informelles, les confidences, les projets collectifs et les expériences en colocation.

J'ai décidé d'écrire sur l'amitié, un texte qui lierait l'intime et le social, en explorant les manières dont l'amitié peut transformer nos vies et notre monde. Le sujet me paraissait riche, mais assez consensuel. « Avoir des ami·es » : il n'y a là rien de révolutionnaire. On peut difficilement se dire *contre* l'amitié, alors même que c'est une chose qui paraît on ne peut plus *normale*. Pourtant, en commençant mes recherches, j'ai été surprise de découvrir qu'il y avait peu d'écrits sur le sujet. Les relations amicales sont abondamment mises en scène dans les productions culturelles de toutes formes, mais elles sont très peu théorisées. Surtout, peu d'écrits en abordent la dimension politique. Ce silence m'est apparu suspect, et j'ai compris que l'amitié était peut-être plus subversive qu'on ne l'imagine.

In the winter of 2022, I was asked by Éditions Écosociété to write an essay for a readership of 15 to 18 year-olds. The publisher gave me carte blanche for the theme. The only constraint was the target audience. I studied literature and have worked as a bookseller, so I've read a lot, but I've never been a specialist in any subject. Wondering what useful knowledge I could pass on to the younger generation, I tried to cast my mind back to that pivotal period of my own life, which coincided with the start of my involvement in feminist activism, hoping to identify any key lessons I had learned. It soon became clear to me that my most fruitful ideas hadn't been inspired by reading or by attending lectures. They had been sparked by my relationships with other people: through informal discussions, shared confidences, working on projects together and the experience of sharing apartments.

I decided I would write about friendship, a text that would link the personal and the social, and would explore the ways in which friendship can transform our lives and our world. It seemed like a pretty wide-ranging subject, and one that most people agree about. There's nothing revolutionary about 'having friends'. Nobody can really say they're *against* friendship; it would be hard to find anything that seems more perfectly *normal*. However, when I started doing some research, I was surprised to discover that there was very little written on the subject. There's plenty about friendship in plays and cultural productions of all kinds, but hardly any theory about it. Above all, very little has been written about its political dimension. This silence struck me as suspicious, and I realised that friendship was perhaps more subversive than one might imagine.

Les mots du British Council

Words from the British Council

Emma Dexter & Anne Duncan

Au nom du British Council, nous sommes ravies d'avoir pu participer à la production de *Friends in Love and War – L'Éloge des meilleur·es ennemi·es*, une exposition exceptionnelle organisée conjointement par le macLYON et l'Ikon Gallery de Birmingham, afin d'explorer la thématique de l'amitié.

L'exposition s'appuie très largement sur les œuvres de la collection du British Council. La constitution de ce remarquable ensemble de près de neuf mille pièces a été initiée en 1938, en réaction à la montée du fascisme en Europe, soit six ans avant l'établissement du British Council en France. La collection a depuis été mise à contribution pour établir des liens durables entre le Royaume-Uni et des pays tiers. Les commissaires Marilou Laneuville et Melanie Pocock ont opéré une sélection éclectique et imaginative au sein du fonds du British Council, en y associant des œuvres du macLYON et d'autres collections, mêlant ainsi la « géométrie de la peur », explorée dans l'après-guerre par Kenneth Armitage, à l'exubérante peinture *Bagdad Cafe (Film Notes)* (2015) de Rose Wylie ou à de celle de Lubaina Himid intitulée *Have Courage in The Crisis, Set Yourself Free* (2016), une œuvre porteuse d'un message d'espoir sur fond de mer tempétueuse. Quand Kenneth Armitage trace les perspectives de la vie, de l'amour et de l'amitié après les horreurs de la guerre, Rose Wylie évoque la magie de l'amitié au sein d'une communauté hétéroclite et Lubaina Himid le pouvoir de l'engagement personnel et de l'espoir.

Cette exposition est la pierre angulaire de la célébration par le British Council de ses quatre-vingts ans de présence en France,

On behalf of the British Council, we are delighted to have played our part in the production of *Friends in Love and War – L'Éloge des meilleur·es ennemi·es*, a brilliant collaborative exhibition co-curated by macLYON and Ikon Gallery, Birmingham, exploring the concept of friendship.

The exhibition draws heavily on works from the British Council Collection. Consisting of almost 9,000 pieces, this remarkable collection was started in 1938 as a direct response to the rise of fascism in Europe (six years before the British Council was established in France) and has been used ever since to build lasting connections between the UK and other countries. Combining British Council works and those from macLYON's own collection and others, the curators Marilou Laneuville and Melanie Pocock have made an eclectic and highly imaginative selection from the British Council Collection, juxtaposing Kenneth Armitage's post war 'geometry of fear' aesthetic with Rose Wylie's exuberant painting *Bagdad Cafe (Film Notes)* (2015), or with Lubaina Himid's *Have Courage in The Crisis, Set Yourself Free* (2016), which offers a message of hope amidst choppy waters. Armitage's works speak to the possibility of life, love and friendship after the horrors of war, Wylie's to the magic of friendship amongst a motley community, and Himid's to the power of personal agency and hope.

This exhibition is a cornerstone of the British Council's celebration of 80 years in France with the UK/France Spotlight on Culture 2024 *Together We Imagine*, an ambitious arts and cultural programme bringing together more than fifty collaborations and projects across art forms

à travers l'ambitieux programme artistique et culturel Spotlight sur la Culture Royaume-Uni/France 2024 *Imaginons ensemble*. Totalisant plus de cinquante projets collaboratifs, il associe diverses formes et géographies artistiques qui réunissent publics, artistes et institutions du Royaume-Uni et de France. L'organisation conjointe de nouvelles coopérations artistiques, culturelles et éducatives entre le Royaume-Uni et la France est au cœur du programme et constitue un complément approprié aux Jeux olympiques et paralympiques et à l'Olympiade Culturelle, qui aura aussi lieu cette année à Paris et dans de nombreux autres lieux.

Les liens historiques entre la France et le Royaume-Uni sont anciens et complexes, marqués à divers moments par des guerres, des conquêtes, des rivalités et des alliances. Dynamiques et en constante évolution, ils n'ont jamais cessé de témoigner d'un respect mutuel et de l'attachement à une amitié durable. Cette exposition explore la complexité de cette amitié, à un moment où Paris et Londres célèbrent le 120e anniversaire de l'Entente cordiale de 1904, qui a mis fin à leurs antagonismes et a permis le renforcement de leurs relations diplomatiques.

Elle offre également une excellente occasion de dépasser de vieilles rivalités pour explorer les liens culturels à travers un « regard croisé » entres deux grandes villes, Lyon et Birmingham, ayant en partage un important passé industriel et un présent dynamique et optimiste, fondé sur la diversité, l'innovation et la créativité.

Nous tenons enfin à remercier chaleureusement Marilou Laneuville, responsable des expositions et des éditions du macLYON, et Melanie Pocock, directrice artistique des expositions de l'Ikon Gallery, ainsi que leurs équipes respectives, pour l'enthousiasme et le professionnalisme dont elles ont fait preuve dans la préparation de cette manifestation inspirante, en l'honneur d'une des plus anciennes amitiés entre deux pays.

and geographies, and between people, artists and institutions in the UK and France. Jointly organising new UK-France artistic, cultural, and educational collaborations is at the heart of the programme and provides a suitable compliment to the Olympic and Paralympic Games and the Cultural Olympiad which will be taking place this year in Paris and beyond.

The historical ties between France and the UK are long and complex, marked at various points by wars, conquests, rivalry, and alliances. The relationship is dynamic and continually evolving, and yet there is always a respect and appreciation for this enduring friendship. This exhibition explores the complexity of friendship, at a time when our countries are marking the 120th anniversary of the Anglo-French 'Entente Cordiale' in 1904, which ended the antagonisms between France and Great Britain and enabled stronger diplomatic relations.

The exhibition also provides an excellent opportunity to look beyond the old rivals of London and Paris to explore this cultural relationship through the *regards croisés* of the two major cities of Lyon and Birmingham, who share powerful industrial pasts and a dynamic and optimistic present, rooted in diversity, audacious innovation and creativity.

Finally, we very much want to thank Marilou Laneuville, Head of Exhibitions and Publications, macLYON, and Melanie Pocock, Artistic Director, Exhibitions, Ikon and their respective teams for their enthusiasm and professionalism in bringing this inspiring and significant exhibition to life in celebration of one of the oldest of friendships.

Emma Dexter, Directrice des arts visuels | *Director Visual Arts, British Council Collection*
& Anne Duncan, Directrice du British Council France | *Country Director France, British Council*

Lettre à une amie

A Letter to a Friend

Melanie Pocock & Marilou Laneuville

Birmimgham, le 30 décembre 2023

Chère Marilou,

J'ai réfléchi au sens de l'amitié. Les ami·es jouent un rôle essentiel dans nos vies. Nous nous tournons vers elleux en cas de besoin, pour obtenir soutien et conseil, partager nos expériences et célébrer nos réussites. Avec nos ami·es proches, nous échangeons nos pensées intimes sans crainte d'être jugé·es. Souvenirs communs et vies parallèles font que nos ami·es sont lié·es à notre identité, leurs opinions et leurs actions façonnent nos croyances. Ami·es d'enfance, allié·es professionnel·les, nouvelles connaissances – tous et toutes nous apportent des expériences riches de sens.

Pourtant, quand j'ai commencé mes recherches, j'ai eu du mal à trouver des écrits critiques sur l'amitié. C'est peut-être, comme le constate le philosophe Alexander Nehamas dans son livre *On Friendship* (2016), parce que l'amitié est « étonnamment difficile à définir ». Michel de Montaigne et Jacques Derrida étaient d'accord sur la nature subjective de l'amitié, qu'ils considéraient comme entièrement dépendante de la personnalité et de l'expérience. Dans *Politique de l'amitié* (1994), Jacques Derrida considère qu'elle n'existe qu'en relation avec son contraire, l'inimitié, chaque relation semant les graines de l'autre. Si nous faisons confiance à nos ami·es, leur trahison peut nous blesser et faire d'eux·elles des ennemi·es potentiel·les. Comme il l'écrit : « Nul ami sans la blessure possible. »

Même l'apparente simplicité de l'idée d'Aristote selon laquelle l'amitié est une forme d'amour sans faille est compliquée par le mot grec

Birmimgham, 30 December 2023

Dear Marilou,

I've been thinking about the meaning of friendship. Friends play such an important role in our lives. We turn to them in times of need, for support and advice, to share life experiences and to celebrate our successes. In close friendships, intimate thoughts are shared without fear of judgement. Common memories and parallel lives; friends are tied to our sense of self, their views and actions shaping our beliefs. Childhood friends, professional allies, new acquaintances – all of these are meaningful.

However, when I began my research, it was difficult to find much critical writing about friendship. Perhaps, as philosopher Alexander Nehamas remarks in his book *On Friendship* (2016), this is because friendship is 'surprisingly difficult to define'. Michel de Montaigne and Jacques Derrida both agreed on the subjective nature of friendship, which they saw as entirely dependent on personality and experience.
In *The Politics of Friendship* (1994), Derrida proposes that friendship only exists in relation to its opposite – enmity – with each relationship sowing the seeds of the other. If we trust and love our friends deeply, he implies, then their betrayal would hurt us, turning them into potential enemies. As he writes, 'No friend without the possibility of a wound'.

Even the seeming simplicity of Aristotle's idea of friendship as a form of flawless love is complicated by the Greek word from which it stems. Encompassing notions of eros, agape and charity, for Aristotle the word *philia* describes

qui la désigne. Englobant les notions d'éros, d'agapè et de charité, le mot *philia* décrit, selon Aristote, les vrai·es ami·es comme étant celleux qui s'aiment inconditionnellement pour leurs vertus. Au cœur de la *philia* se trouvent les ami·es aux «excellents caractères», qui agissent de manière appropriée l'un·e envers l'autre en fonction des circonstances de leur amitié. Il souligne aussi que les premières amitiés sont presque toujours instrumentales, c'est-à-dire que les personnes impliquées doivent en retirer un certain bénéfice afin de se sentir suffisamment motivées pour les maintenir. Pour Aristote, la satisfaction que nous tirons de ces relations peut les faire accéder à une seconde phase reposant sur le plaisir mutuel. Bien entendu, la notion de plaisir varie d'un individu à l'autre. Pour certain·es, il peut s'agir du fait de rire des mêmes blagues; pour d'autres, elle relève de la curiosité stimulée par les capacités à débattre – une vision dynamique qui nous ramène au risque de conflit et de rupture lié à l'amitié.

Cette conception, comme tu l'as formulée, des ami·es vu·es comme les «meilleur·es ennemi·es» me fait penser à deux œuvres récentes. Il s'agit d'abord de *L'Amie prodigieuse* (2012-2015) d'Elena Ferrante, un roman retraçant l'amitié turbulente d'Elena (surnommée Lenù) et de Lila, qui vivent leur jeunesse dans l'Italie de l'après-guerre. Conté par la voix de Lenù, l'ouvrage décrit les caractères et les trajectoires contrastés des deux amies: la timidité studieuse de Lenù, qui lui permet d'obtenir une bourse d'études et de mener une brillante carrière d'écrivaine, et la ténacité sans concession de Lila, grâce à laquelle elle résiste à un mariage abusif et réussit à mener une carrière d'entrepreneuse indépendante. Tout au long de leur amitié, la soif de provocation de Lila leur vaut souvent des ennuis, un penchant que Lenù déteste et admire. Malgré la souffrance que lui inflige leur amitié, Lenù est incapable de rompre le lien, réalisant à quel point ses désirs et ses conquêtes sont inséparables de ceux de Lila. La volonté constante de Lenù d'impressionner ou de surpasser Lila la pousse à mener une vie plus ambitieuse. Elle s'épanouit non pas malgré, mais grâce à leur amitié stimulante.

Les ami·es comme les ennemi·es sont aussi exploré·es dans *Les Banshees d'Inisherin* (2022), film écrit et réalisé par Martin McDonagh.

true friends as those who love one another unconditionally for their virtues. Central to *philia* are friends with 'excellent characters', who act appropriately towards each another according to the circumstances of their friendship. He also highlights how initial friendships are almost always instrumental – that the people involved must acquire some benefit to feel sufficiently motivated to sustain them. For Aristotle, the satisfaction we gain from these relationships can move them into a second phase based on mutual pleasure. Of course, what constitutes pleasure varies between individuals. For some it might be the joy of laughing at the same jokes; for others, it might be the curiosity piqued by a friend's capacity for debate – a dynamic quality that brings us back to friendship that risks conflict or rupture.

This idea – as you call it – of friends as 'best enemies' (*meilleur·es ennemi·es*) brings to mind two recent works of fiction. The first is *The Neapolitan Novels* (2012-15) by Elena Ferrante, which chart the turbulent friendship between two girls, Elena (known as Lenù) and Lila, as they grow up in post-war Italy. Narrated by Lenù, they describe the friends' contrasting characters and trajectories: Lenù's timid, studious nature, which earns her an academic scholarship and successful career as a writer; versus Lila's outspoken tenacity, which enables her to withstand an abusive marriage and carve a career as a self-made entrepreneur. Throughout their friendship, Lila's thirst for provocation often leads them into trouble; a lure that Lenù resents but also admires. Despite the suffering inflicted on her by their friendship, Lenù is unable to break their bond, realising how much her desires and achievements are inseparable from Lila's. Lenù's constant drive to impress or better Lila is what pushes her to live a more ambitious life. She thrives not in spite of, but because of their challenging friendship.

Friends as enemies are also explored in *The Banshees of Inisherin* (2022) written and directed by Martin McDonagh. In the film, we meet Colm and Pádraic, inhabitants of a remote island off the Irish coast. One day, without warning, Colm ends their daily ritual of going for a drink at the local pub because he can no longer stand Pádraic's 'small talk', claiming it to be detrimental to his mental health.

Nous y faisons la connaissance de Colm et Pádraic, habitants d’une île isolée au large de l’Irlande. Un jour, Colm met fin sans prévenir à leur rituel quotidien consistant à aller boire un verre au pub local car il ne supporte plus le « bavardage » de Pádraic, « nuisible à sa santé mentale ». C’est seulement quand Colm se coupe les doigts en réaction aux tentatives de Pádraic de raviver leur relation, que celui-ci comprend la gravité de leur séparation. Colm pense que leur rupture brutale, épargne à Pádraic la fin inévitable de leur relation et la vit donc comme un dernier témoignage d’amitié. Pádraic, quant à lui, considère que la désertion de Colm est égoïste et y voit la raison principale de la frustration qu’il ressent à vivre sur l’île. Pour Pádraic, la compagnie de Colm lui permet de donner le meilleur de lui-même ; pour Colm, celle de Pádraic limite son épanouissement.

Dans *L’Amie prodigieuse* comme dans *Les Banshees d’Inisherin*, des circonstances troublées façonnent l’amitié et le conflit qui lui est inhérent. Pour Lenù et Lila, les mouvements sociaux enflamment leur désir de libération des valeurs patriarcales traditionnelles de la société italienne d’après-guerre. Dans *Les Banshees d’Inisherin*, les tirs d’artillerie lointains de la guerre civile irlandaise font écho à la querelle qui couve entre Pádraic et Colm. L’isolement de l’île pousse aussi Pádraic à s’accrocher, par peur de la solitude, à son amitié avec Colm. Réfléchir à l’effet qu’exercent les circonstances et l’environnement sur les amitiés me fait songer à la récente pandémie. Pour Elizabeth Day, autrice de *Friendaholic* (2023), le Covid-19 lui a fait prendre conscience que nombre de ses amitiés étaient dans l’incapacité de survivre à la distance imposée par les confinements, ce qui l’a conduite à se demander qui étaient ses véritables ami·es. Aujourd’hui, nous sommes nombreux·euses à utiliser les réseaux sociaux et la communication numérique pour cultiver nos amitiés. Pour certain·es, les amitiés en ligne ne peuvent pas remplacer l’intimité d’une interaction physique. Pour d’autres, ces relations sont tout aussi significatives. Même si nous ne sommes pas tous·tes d’accord à ce sujet, nous pouvons peut-être reconnaître la valeur des échanges écrits quand la distance physique nous empêche d’entretenir nos amitiés autrement.

It is only when Colm cuts off his fingers in response to Pádraic’s attempts to rekindle their relationship that the latter grasps the seriousness of the separation. Though brutal, Colm sees their break-up as sparing Pádraic the inevitable demise of theirrelationship, and in this way, as a final act of friendship. Pádraic, however, sees Colm’s withdrawal as selfish, and the root cause of his ensuing frustration at life on the island. For Pádraic, Colm’s companionship enables him to be his best self; for Colm, Pádraic’s company limits self-fulfillment.

In *The Neapolitan Novels* and *The Banshees of Inisherin*, turbulent circumstances shape friendship and its inherent conflict. For Lenù and Lila, social movements ignite their shared longing for liberation from the traditional patriarchal values of post-war Italian society. In *The Banshees of Inisherin*, distant artillery fire from the Irish Civil War mirrors Pádraic and Colm’s simmering dispute. The physical isolation of the island also compels Pádraic to cling on to his friendship with Colm, from fear of loneliness. Thinking about the impact of surrounding conditions and environments on friendships reminds me of the recent pandemic. For writer Elizabeth Day, author of *Friendaholic* (2023), Covid-19 made her realise how many of her friendships were unable to survive the distance imposed by multiple lockdowns, leading her to question who her true friends were. Now – and partly because of the pandemic – many of us use social media apps and digital communication to cultivate friendships. For some, online friendships cannot replace the intimacy of in-person interaction. For others, these relationships are just as meaningful. But although we might not all agree on the merits of digital contact, we can perhaps all recognise the value of written exchange when physical distance prevents us from fostering friendships otherwise.

Contemplating long-distance friendships takes me back to the beginning of ours. Do you remember when we first met? We had already corresponded via email, in preparation for an exhibition of the 13th edition of *Rendez-vous* at the Institute of Contemporary Arts (ICA) Singapore in 2015. Our initial friendship was – to quote Aristotle – instrumental, enabled by a bilateral cultural programme which supported partnerships between art institutions in France and Singapore.

Réfléchir à ces amitiés à distance me rappelle le début de la nôtre. Te souviens-tu de notre première rencontre ? Nous avions déjà correspondu par courriel, en préparation d'une exposition de la 13e édition de *Rendez-vous* à l'Institute of Contemporary Arts (ICA) de Singapour en 2015. Notre amitié initiale était – pour citer Aristote – instrumentale et rendue possible par un programme culturel bilatéral qui soutenait des partenariats entre des institutions artistiques en France et à Singapour. Il y avait aussi notre volonté mutuelle d'offrir aux artistes émergent·es de nos régions respectives des occasions de dialoguer avec leurs pairs à l'échelle mondiale. Dans un esprit de collaboration, Bala Starr, alors directrice de l'ICA, et moi-même avons proposé à cinq artistes singapourien·nes de présenter des œuvres aux côtés des vingt artistes sélectionné·es par Isabelle Bertolotti, actuelle directrice du macLYON, par toi-même et par plusieurs commissaires internationaux·ales. Pour la petite équipe de l'ICA, il s'agissait d'un projet ambitieux et compliqué sur le plan logistique, mais qui a été facilité par ta gentillesse et ta volonté de t'adapter, ainsi que par notre engagement commun à nouer des amitiés artistiques par-delà les barrières linguistiques.

Ainsi, quand le British Council m'a sollicitée pour proposer une institution avec laquelle collaborer pour une exposition de sa collection en France, j'ai immédiatement pensé à toi et au macLYON. Les conditions étaient réunies : le soutien exceptionnel du British Council, une saison culturelle en France sur les thèmes de la solidarité et de l'avenir commun, et – nous l'avons appris plus tard – le jumelage de Birmingham et Lyon. Leur situation comparable de grandes capitales régionales et d'anciennes cités industrielles, avec des scènes artistiques vibrantes, ont fourni des raisons supplémentaires de travailler ensemble, et d'inviter des artistes ayant des liens de longue date avec chacune des villes. L'exposition a donc pris une résonance politique qui renvoie aux origines des villes « jumelles ». S'inscrivant dans l'effort de reconstruction des relations entre les pays européens après les divisions de la Seconde Guerre mondiale, les jumelages ont permis aux responsables municipaux de conclure des accords économiques bénéfiques et aux habitant·es de nouer des amitiés avec des personnes de cultures différentes.

There was also our mutual interest in providing opportunities for emerging artists from our respective regions to meet and connect with peers globally. In the spirit of collaboration, then ICA Director Bala Starr and I proposed five Singaporean artists to present works alongside the twenty artists selected by current Director of macLYON, Isabelle Bertolotti, you and various international curators. For our small team at the ICA, it was an ambitious and logistically complicated project, but one that was made easier by a kindness and willingness to adapt on your part, and our joint commitment to building artistic friendships across languages.

And so, when I was invited by the British Council to propose an institution to collaborate with for an exhibition of its collection in France, I immediately thought of you and macLYON. The conditions were there: the superlative support of the British Council; a cultural season in France addressing themes of solidarity and collective futures; and – as we learnt later – the fact that Birmingham and Lyon are partner cities. Their similar contexts as major regional capitals and former industrial hubs with vibrant art scenes provided further reasons to work together, as well as to invite artists with longstanding connections to each city. The exhibition thus took on a political resonance that harks back to the origins of twin cities. Part of the effort to reconstruct relations between European countries after the divisions of the Second World War, the twinning of towns and cities enabled municipal politicians to build mutually beneficial economic agreements, and for residents to form friendships with people from different cultures. Working on our exhibition over the past few months, I'm increasingly aware of the impact of Brexit on these forms of collaboration, whether it's the administrative hurdles now involved in moving art and artists across national borders, or the conversations in the media that are calling their worth into question. In many ways, the rise of nationalism and anti-European sentiment in British and French politics recalls the historic 'friendly enmity' between the two countries. From the Hundred Years' War that saw successive English and French rulers fight over the same territory, to the shiftingsolidarity between French and British politicians over European immigration and global wars, England and France have long been 'best enemies'.

En travaillant sur notre exposition ces derniers mois, j'ai pris de plus en plus conscience de l'impact du Brexit sur ces formes de collaboration, qu'il s'agisse des obstacles administratifs, qui interfèrent désormais dans le déplacement des œuvres et des artistes au-delà des frontières nationales, ou des discours dans les médias qui remettent en question leur valeur. À bien des égards, la montée du nationalisme et du sentiment antieuropéen dans la politique britannique et française rappelle l'« inimitié amicale » historique entre les deux pays. Depuis la guerre de Cent Ans, qui a vu les souverains anglais et français se disputer le même territoire, jusqu'à la fraternité des deux guerres mondiales et la solidarité mouvante entre hommes politiques français et britanniques au sujet de l'immigration européenne, le Royaume-Uni et la France ont longtemps été les « meilleurs ennemis » qui soient.

Nous voici donc à quelques semaines de l'ouverture de l'exposition. Je pense qu'elle aborde de nombreux aspects de l'amitié que je viens d'évoquer dans cette lettre. N'es-tu pas de cet avis ? Je te suis très reconnaissante, ainsi qu'à Auregann, Lola et Lucy d'avoir accompagné avec constance la réalisation de cette exposition et de son catalogue, malgré l'absence à laquelle j'ai été contrainte ces derniers mois. Bien plus que moi, vous avez su établir des liens thématiques et des relations esthétiques entre les œuvres et les artistes. Je suis curieuse de découvrir quelles visions de l'amitié ou des « meilleur·es ennemi·es » ressortent de ton regard sur notre exposition. Et j'en viens à me demander si un engagement en faveur de l'amitié pourrait nous aider à sortir des impasses sociales et politiques dans lesquelles nous nous trouvons aujourd'hui.

Chère Marilou, merci de tout cœur pour cette collaboration. Plus qu'une consœur, tu as été une amie merveilleuse, patiente et empathique face aux joies et aux défis de ma nouvelle maternité. En tant que mère et commissaire d'exposition, tu m'as aidée à renouveler ma vision de moi-même.

Vive les ami·es dans l'amour comme dans la guerre !

Melanie

And so, here we are, a few weeks away from the opening of *Friends in Love and War – L'Éloge des meilleur·es ennemi·es* at macLYON. I think the exhibition touches on many ideas of friendship that I've described in this letter. Would you agree? I'm so grateful to you, Auregann, Lola and Lucy for continuing to develop this exhibition and publication, despite my necessary absence these past few months. You, more than I, have been able to weave thematic threads and aesthetic relationships between the works and artists. I'm curious – what visions of friendship or 'best enemies' do you think the exhibition offers? Could a commitment to friendship help us move beyond the social and political impasses we find ourselves in today?

Marilou, thank you for this precious collaboration. More than a colleague, you've been a wonderful friend, patient and empathetic to the joys and challenges of new motherhood. As a fellow mother and curator, you've helped me find a new sense of self.

To friends in love and war!

Melanie

Lyon, le 16 janvier 2024

Chère Melanie,

Les aspects sur l'amitié que tu évoques dans ta lettre m'ont beaucoup fait réfléchir au choix du titre de notre projet d'exposition : *Friends in Love and War – L'Éloge des meilleur·es ennemi·es*. Il a fait l'objet d'une longue discussion entre nous. Sa complexité réside dans les dualités qu'il comporte : une combinaison de deux langues – le français et l'anglais – à laquelle nous tenions, une allusion à l'amitié et à l'inimitié, ainsi qu'une opposition entre l'amour et la guerre.

J'aimerais m'attarder sur le mot « *love* », d'abord parce qu'il est à la base de toute amitié. Curieusement, la langue anglaise distingue le mot « *love* » du mot « *like* ». Pourtant, ces verbes suggèrent tous deux l'acte d'aimer, mais ils le chargent d'une intensité différente. L'usage de l'un ou de l'autre permet de nuancer l'amour dont il est question. Quand nous parlons d'amitié, il me semble que nous devrions faire le choix du mot « love » pour exprimer à sa juste valeur la relation qui nous lie à l'autre.

J'ai récemment lu l'ouvrage *À propos d'amour* (traduit en 2022) de bell hooks, une autrice afroféministe, qui considère l'amour comme un acte plutôt qu'un sentiment. Cherchant à définir ce qu'était l'amour, elle fut soulagée de lire les mots du psychiatre M. Scott Peck dans son livre *Le Chemin le moins fréquenté* (1978) : « L'amour, c'est ce qu'on fait. L'amour est un acte de volonté [...] On n'est pas obligé d'aimer, on le décide. » Dans son livre, elle aborde la notion de l'amitié par le prisme de la communauté. Selon elle, l'espace de la communauté serait le meilleur endroit pour apprendre à aimer. En amitié, nous avons le pouvoir de choisir les personnes avec qui nous souhaitons former une communauté. En choisissant nos ami·es, nous cherchons l'attention, l'affection et le respect que nous n'avons peut-être pas su trouver dans notre première expérience de la communauté, celle de la famille. Mais elle ajoute aussi que l'amitié n'aurait de la force qu'à condition qu'elle puisse être l'objet d'une communication honnête et ouverte. bell hooks nous invite à écouter les « vérités de l'autre » et à privilégier « la valeur du dire vrai ».

Lyon, 16 January 2024

Dear Melanie,

The aspects of friendship that you mention in your letter really got me thinking about our choice of title for the proposed exhibition: *Friends in Love and War – L'Éloge des meilleur·es ennemi·es*. We'd thought about it and talked about it at some length. It is complex because of the dualities it entails: the combination of two languages – French and English – which we were keen to include, an allusion to friendship and enmity, and the opposition between love and war.

I'd like to dwell for a moment on the word 'love'. In the first place because it is the basis of all friendship. Interestingly, the English language makes a distinction between 'loving' and 'liking'. Yet the two verbs both express the act of loving, though with a different intensity. Whichever one you use gives a different nuance to the kind of love you're talking about. When we talk about friendship, I think we ought to use the word 'love'; it's the best way of expressing the full force of the relationship.

Not long ago, I read African American feminist author bell hooks's book *All About Love: New Visions* (1999). bell hooks (that's how she wrote her name) sees love as an act rather than a feeling. In attempting to define love, she had been reassured by what psychiatrist M. Scott Peck said about it in his book *The Road Less Traveled* (1978): 'Love is as love does. Love is an act of will [...] We do not have to love. We choose to love.' In her book, bell hooks approaches the notion of friendship through the prism of community. In her view, the community is the best place to learn to love. In friendship, we have the power to choose the people that we want to form a community with. When we choose our friends, we seek the attention, the affection and the respect that we maybe failed to find in our first experience of community, i.e., in our family. But she goes on to say that friendship is only strong if it involves honest and open communication. 'To be loving we willingly hear each other's truths,' she says, 'and, most important, we affirm the value of truth telling.' We expect our friends to speak kindly and fairly, to speak freely, to build trust and allow us to take an introspective look at ourselves in order to achieve our full potential.

Préface

Foreword

Isabelle Bertolotti & Ian Hyde

En 1951, dans un contexte d'après-guerre, la Ville de Lyon signe son premier accord de jumelage avec une ville étrangère, Birmingham, en Angleterre. Si un jumelage est en premier lieu un contrat politique, sans limites de temps, entre deux collectivités locales et qui favorise les échanges, le pari est ici réussi. En effet, depuis plus de soixante-dix ans, des coopérations successives ont permis à nos deux villes de conserver des liens privilégiés, malgré les aléas politiques et économiques, notamment celui du Brexit qui a pris effet le 1er janvier 2021. Si de nombreux projets ont vu le jour depuis l'origine de cet accord, celui qui nous lie aujourd'hui, justement nommé *Friends in Love and War – L'Éloge des meilleur·es ennemi·es*, va bien au-delà d'une unique volonté politique de collaboration impliquant trois institutions de renommée internationale : le British Council, l'Ikon Gallery et le Musée d'art contemporain de Lyon. Il s'agit d'un véritable travail commun, qui consiste en l'élaboration d'une exposition qui se tient d'abord à Lyon, puis à Birmingham. Ce projet est surtout une question de personnes, de rencontres et d'amitié.

À la fin des années 1930, le British Council – agence britannique internationale chargée des échanges éducatifs et des relations culturelles – constitue un important fonds d'œuvres d'artistes habitant et travaillant au Royaume-Uni qui compte à présent près de neuf mille pièces, diffusées régulièrement à l'international. En 1984, le premier musée en France dédié uniquement à l'art contemporain ouvre à Lyon, le macLYON, qui compte à présent près de mille six cent cinquante œuvres réalisées par des artistes du monde entier.

In 1951, when the Second World War was still fresh in people's minds, the City of Lyon signed its first twinning agreement with a foreign city, Birmingham in England. A twinning agreement is primarily a political arrangement, with no time limit, between two local authorities, and is intended to encourage exchanges; in this case, the gamble paid off. In fact, for more than seventy years, a succession of cooperative programmes has enabled our two cities to maintain a special relationship, despite the political and economic ups and downs, including Brexit, which took effect on 1 January 2021. Many projects have been launched since the agreement was first signed, but the one that links us today, aptly titled *Friends in Love and War – L'Éloge des meilleurs·es ennemi·es*, is much more than a one-off political partnership involving three internationally renowned institutions: the British Council, Ikon Gallery, Birmingham, and Lyon Museum of Contemporary Art. It is a genuine joint project that has involved preparing an exhibition to be held first in Lyon and then in Birmingham. Above all, this project has been about people, about meetings of minds, and about friendship.

At the end of the 1930s, the British Council – the international British agency responsible for educational exchanges and cultural relations – began to assemble a major collection of works by artists living and working in the UK; it now numbers almost 9,000 works and is regularly exhibited internationally. In 1984, macLYON, the first French museum devoted exclusively to contemporary art, opened in Lyon. It now holds almost 1,650 works by artists from all over the world. macLYON is very active on the international scene and takes part in numerous events outside France.

Très dynamique à l’international, le macLYON participe à de nombreux événements hors de ses frontières nationales parmi lesquels, en 2015, une exposition consacrée à la jeune création française et internationale, « Rendez-vous », à l’Institute of Contemporay Art (ICA) à Singapour. Lors de ce projet, je suis accompagnée par Marilou Laneuville, qui travaille alors avec son homologue à l’ICA, Melanie Pocock, à la réalisation d’une manifestation qui fait se rencontrer des artistes français·es et singapourien·nes. Parallèlement à cette volonté mutuelle de soutien à la création et aux artistes, de rencontres et d’échanges, s’est développée entre elles une relation d’amitié qui a perduré à travers les années. Plus récemment, lorsque Melanie Pocock a pris ses fonctions à l’Ikon Gallery à Birmingham, c’est tout naturellement qu’un projet de collaboration a germé dans l’harmonie que permet une amitié de longue date. Leur grande connaissance de la scène artistique et des collections réciproques du British Council et du macLYON, a contribué à la proposition d’une déambulation passionnante autour du thème de l’amitié, renforcée par l’invitation d’artistes entretenant des liens de longue date avec Lyon et Birmingham, dans un parcours scénographique aux formes arrondies et organiques conçu spécifiquement par le Studio Basal, formé de Lisa Guiga-Masini et Valentine Jouault, jeunes étudiantes à l’École nationale supérieure des beaux-arts de Lyon.

Dans un désir de soutenir les artistes et de renforcer les liens avec d’autres institutions, cette exposition illustre la volonté du macLYON de conforter ses relations à l’international, invitant l’art à favoriser les rencontres entre les artistes et les professionnel·les tout en conviant les publics à s’interroger à leur tour sur cette notion complexe d’amitié.

Rendez-vous was one of these – an exhibition of young French and international artists at the Institute of Contemporary Art (ICA), Singapore in 2015. On that project, I was accompanied by Marilou Laneuville, who worked in close coordination with Melanie Pocock, her counterpart at the ICA, to create an event featuring French and Singaporean artists. In addition to their mutual commitment to artists and their art and to encouraging encounters and exchanges between them, they forged a friendship that has endured over the years. More recently, when Melanie Pocock took up her post at the Ikon Gallery in Birmingham, it was only natural that a joint project should arise out of the synergy of their long-standing friendship. Their extensive knowledge of the art scene and of the respective collections of the British Council and macLYON played a large part in the idea of what has turned out to be an exciting journey based on the theme of friendship, backed up by invitations to artists with long-standing links with Lyon and Birmingham. The scenography, with its rounded, organic forms, was specifically designed by Studio Basal, two young students at the École Nationale Supérieure des Beaux-Arts in Lyon: Lisa Guiga-Masini and Valentine Jouault.

This exhibition reflects a commitment to supporting artists and cementing links with other institutions, while at the same time illustrating macLYON’s desire to strengthen its international relations. Through art, it seeks to encourage encounters between artists and professionals, while also inviting audiences to reflect on the complex concept of friendship.

Isabelle Bertolotti
Directrice, macLYON |
Museum Director, macLYON

Je suis né dans le Kent, et lorsque j'étais plus jeune il était plus rapide de traverser la Manche pour aller en France que de se rendre à Londres. Toutes nos vacances et de nombreuses excursions scolaires se faisaient en ferry. La construction du tunnel sous la Manche a encore facilité les choses et, bien que le High Speed 1 nous permette de nous rendre plus rapidement à Londres, la France est restée la destination toute désignée.

De pays à pays, nous avons toujours été ami·es, quels que soient nos désaccords.

Des années plus tard, de nouvelles querelles et des divergences d'opinions sont apparues. Le Royaume-Uni a quitté l'Union européenne, les contrôles aux frontières sont renforcés et les passeports sont de nouveau nécessaires. Cependant, qui vit à Birmingham peut faire l'expérience de la relation spéciale qui continue à lier cette ville à Lyon.

Lyon et Birmingham sont jumelées depuis 1951, et il s'agit du plus ancien partenariat international de Birmingham. Les deux villes ont souvent travaillé ensemble, pour de petits comme pour de grands projets, et nous sommes fier·ères de nous inscrire dans cette relation au long cours.

Ikon est un centre d'art contemporain international qui, au cours des soixante dernières années, a fait entrer le monde à Birmingham, tout comme il a contribué à faire connaître Birmingham au monde. C'est ce que l'exposition *Friends in Love and War – L'Éloge des meilleur·es ennemi·es* continue de faire. J'espère que vous pourrez l'apprécier, quels que soient la ville ou le pays où vous la verrez et que nous resterons à jamais des « friends in love and war ».

Tous mes remerciements au British Council et au macLYON pour cette sélection présentée dans le cadre du programme Spotlight sur la Culture Royaume-Uni/France 2024 *Imaginons ensemble*. Nous remercions également Fluxus Art Projects pour son soutien, ainsi que les principaux organismes de financement de l'Ikon : l'Arts Council England et le Birmingham City Council.

I was born in Kent and when I was younger it was quicker to travel across the Channel to France than it was to get to London. All our holidays and many school day trips were spent via ferry. This got easier with the building of the Channel Tunnel, and although High Speed One linked us to London faster, France was the obvious direction in which to look.

Country to country, we've always been friends, no matter what the disagreement.

A few years on there have indeed been further disagreements and a divergence of views. The UK has left the EU, reinforcing the need for border control and passports. Living in Birmingham however, there is an extra special relationship that binds us to Lyon.

Lyon and Birmingham have been Partner Cities since 1951 and Lyon is Birmingham's longest standing international partner relationship. Many times the two cities worked together in small steps and larger leaps and we're proud to be part of this ongoing relationship.

Ikon is an international art gallery that has for over sixty years brought the world to Birmingham and helped to take Birmingham to the world. This exhibition continues to do just that and I hope you're able to enjoy the exhibition in whichever city and country you visit and that we all remain *Friends in Love and War – L'Éloge des meilleurs·es ennemis·es*.

Special thanks to the British Council, and macLYON collections. Presented as part of the UK/France Spotlight on Culture 2024 *Together We Imagine*. Thanks also for support from Fluxus Art Projects and to Ikon's core funding organisations, Arts Council England and Birmingham City Council.

Ian Hyde,
Directeur général, Ikon Gallery |
Chief Executive Officer, Ikon Gallery

Des amitiés qui étaient au centre de notre quotidien occupent désormais une place périphérique, lorsqu'elles ne disparaissent pas complètement.

Avec ce changement de régime relationnel vient aussi, trop souvent, une sorte d'impératif de performance. Parce qu'ils se font de plus en plus rares, les moments entre ami·es doivent être *spéciaux*, particulièrement intéressants. Alors que nous nous rassemblions auparavant dans des chambres bordéliques, nos appartements sont désormais des lieux qu'on a besoin de « rendre beaux » pour « recevoir » nos ami·es. On ressent le besoin de leur cuisiner de bons repas, même si on se nourrit la plupart du temps de tartines au houmous et de pâtes à l'huile d'olive. Nous leur donnons accès à des facettes choisies de nous-mêmes, à un soi qu'on a pris le temps d'ordonner au préalable. Un fossé entre la vie privée et l'amitié se creuse, et à travers cette mise à distance, il me semble qu'une part de nous disparaît.

J'aurais l'air bien moralisatrice en affirmant que, si nos relations amicales sont mises en péril, c'est parce que nous sommes tou·tes alliéné·es. Il ne sert à rien d'idéaliser le désœuvrement de nos années d'adolescence ou de lui accorder une force morale supérieure. Il importe surtout de poser un regard plus critique sur nos vies d'adultes. Les sociétés dans lesquelles nous vivons – la société nord-américaine dans laquelle je vis, du moins – ont peu à voir avec un État totalitaire où les libertés individuelles seraient supprimées au nom d'un projet national. Il n'empêche que si tant de gens sont aussi occupés, c'est en partie parce que nous cherchons à correspondre à des idéaux collectifs qui reposent sur différentes notions de performance. Tellement de gens commencent à délaisser les amitiés à un stade de leur trajectoire personnelle où iels cherchent à être un·e bon·ne travailleur·euse, un·e bon·ne conjoint·e, un·e bon·ne citoyen·ne, à faire des choses épanouissantes, à être en bonne santé, à trouver du confort matériel. Bref, à répondre à toutes sortes d'impératifs, qui ne nous sont pas nécessairement imposés, qui ne sont pas explicitement néfastes, mais qu'on intègre comme des normes.

With this change in relationships, all too often, there comes a kind of need to put on a performance. Because the occasions we spend with friends have become increasingly rare, they have to be particularly special and interesting. Whereas we used to get together in untidy rooms, our flats now have to be turned into attractive places fit for entertaining our friends. We feel the need to cook special meals for them, even if what we eat the rest of the time is usually hummus on toast and pasta tossed in olive oil. We give them access to selected facets of ourselves, to a self that we've carefully curated beforehand. The gap between our private lives and our friendships gets wider and wider, and it feels to me as if a part of us has slipped away.

It would be a bit sanctimonious to suggest that if our friendships are under threat, it's because we're all to some extent alienated. There's nothing to be gained from idealising the aimlessness of our teenage years or attributing some greater moral force to it. It's our adult lives that we should be taking a more critical look at. The societies in which we live – the North American society in which I live, at least – bear little resemblance to a totalitarian state in which individual freedoms are suppressed in the name of a national project. But part of the reason so many people are so busy is that we are all trying to measure up to collective ideals based on various notions of performance. So many people start to abandon their friendships at a stage in their career when they're focused on being a good worker, a good spouse, a good citizen, doing fulfilling things, getting fit, achieving material security. In short, responding to all sorts of imperatives, which are not necessarily imposed on us, and which are not explicitly negative, but which we accept as the norm. And unfortunately it seems that 'being a good friend' is not at the top of the list of criteria that define self-fulfilment in contemporary society. I know a lot of people who have said they've kept a relationship going without really knowing why, and a lot of people who have said they've lost touch with friends without really knowing why. It's considered normal to take time off work for all kinds of family reasons, but not many employers would be prepared to release an employee because of a friendship issue.

Et il semble malheureusement qu'« être un·e bon·ne ami·e » ne figure pas en tête de liste des critères qui définissent, dans nos sociétés, l'accomplissement de soi. J'ai connu beaucoup de personnes qui disaient rester en couple sans trop savoir pourquoi, et d'autres qui disaient avoir perdu des ami·es de vue sans trop savoir pourquoi. On trouve normal de prendre des congés au travail pour toutes sortes de raisons liées à la famille, mais peu de patron·nes accepteraient de libérer un·e employé·e pour cause de peine d'amitié.

L'amitié a le potentiel d'être radicalement improductive, et c'est peut-être là que réside son principal pouvoir de transformation sociale. Les liens amicaux, lorsqu'ils sont fondés sur la répétition des moments passés ensemble et sur le partage désintéressé, ne sont pas rentables au sens économique du terme, et leurs bienfaits sont difficilement calculables. Il n'existe pas de modèle qui permet d'évaluer si une amitié est réussie ou non. Sans doute est-ce pour cela qu'on accorde trop souvent à ces relations une valeur secondaire. On peut difficilement avoir de l'ambition en amitié, mais on peut avoir de hautes exigences en matière de sincérité et de transparence. La proximité des ami·es, à qui l'on ne *doit rien* du fait que ces relations sont rarement balisées par des règles ou des obligations précises, peut nous mener vers une meilleure compréhension de nous-mêmes, nous inciter à remettre en doute nos choix et nos aspirations. Cette connaissance accrue de soi et des rapports humains que rend possible le contact des ami·es – les discussions futiles comme les délires, les conflits et les débats – aide certainement à concevoir avec plus de lucidité notre place dans le monde, sans doute à mieux refuser certains rôles qui nous sont assignés. Les amitiés profondes ont le pouvoir de nous rendre plus intègres et moins conformistes. Elles sont porteuses d'une forme de liberté, que nous devons travailler à mieux embrasser.

Friendship has the potential to be radically unproductive, and this is perhaps where its greatest power for social transformation lies. Friendship, when it is based on repeated occasions spent together and on unselfish sharing, is not profitable in any economic sense of the word, and its benefits are difficult to calculate.

There is no template for assessing whether a friendship is successful or not. Which is probably why such relationships are usually treated as secondary. One can hardly be ambitious in friendship, but one can have high standards of sincerity and transparency. The closeness of friends, to whom we owe nothing, since these relationships are rarely governed by set rules or obligations, can lead us to a better understanding of ourselves and encourage us to think more critically about our choices and our goals. This increased self-knowledge and the understanding of human relationships that comes from being with friends – the idle conversations as well as the crazy moments, the clashes and the arguments – certainly help us to think more clearly about our place in the world, and doubtless to reject some of the roles that are assigned to us. Strong friendships have the power to make us more honest and less conformist. They bring a kind of freedom that we should make great efforts to cultivate.

Traduit par | *Translated by*
Jeremy Harrison

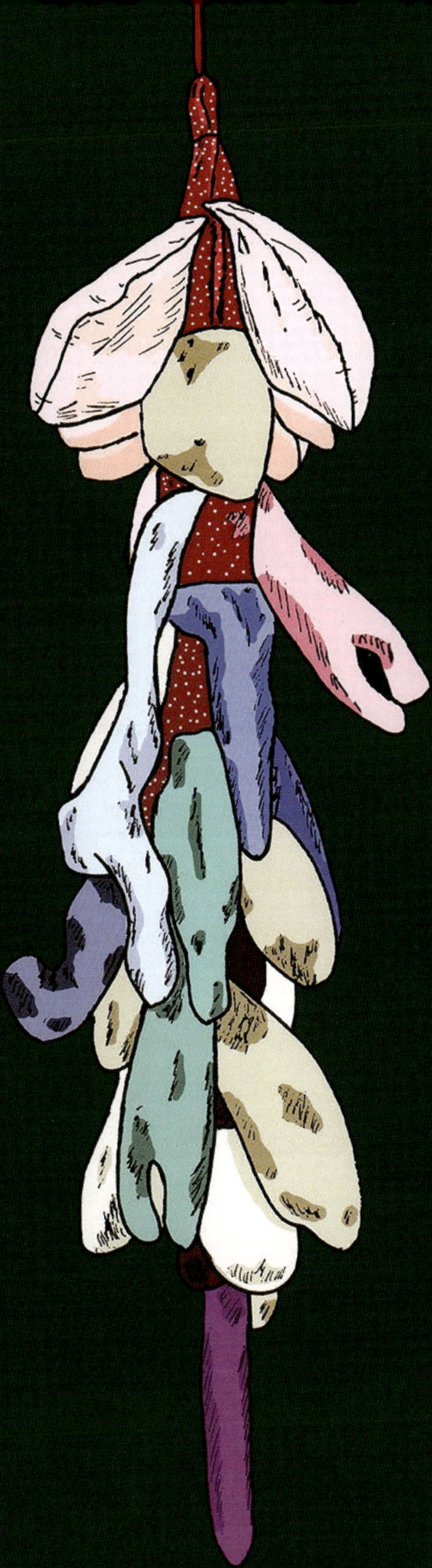

Mon cher, ma chère

Géraldine Kosiak

Chère Sophie,

La broderie *Clarissa, la tête dada et le Roi-Cerf* est terminée. Comme je vous l'avais écrit dans ma dernière lettre, j'ai intégré une de vos œuvres majeures : *Tête dada* de 1920.

J'ai dessiné les sculptures mobiles que vous aviez créées à l'occasion de la commande du théâtre de marionnettes de Zurich en 1918, j'en ai sélectionné deux parmi les dix-sept : *Le Roi-Cerf* et *Clarissa*. Vous avez dû vous passionner pour cette fable théâtrale de Carlo Gozzi, dans laquelle le roi Deramo, votre *Roi-Cerf*, a le pouvoir magique de passer d'un corps à un autre. Il se métamorphose en cerf avec ses ramures en or pour séduire une femme. Une farce dadaïste à l'intérieur d'une fable du XVIIIe siècle. Pour ce spectacle, où il y a toujours une chose dans une chose, un mouvement dans l'inconscient, une forme dans une forme, vous avez projeté la marionnette dans l'avant-garde. Vous avez devancé de quelques années les expérimentations de Paul Klee et Fernand Léger et vous avez réalisé une synthèse des arts, plus fragile, à l'époque de leur anéantissement formel.

Vous auriez, apprécié la petite manufacture de broderie avec laquelle j'ai travaillé, Proton Capillery, brodeurs depuis 1812. Ils perpétuent l'excellence de cette technique artisanale depuis plus de deux cents ans et ont également des machines à broder. Une chance qu'ils soient à côté de chez moi, à Vaise. J'ai pu suivre la production, monsieur Capillery a pris le temps de comprendre ce que je souhaitais, car il n'avait jamais eu ce genre de demande – ils sont plutôt spécialisés dans les drapeaux et les écussons pour l'armée ou les pompiers.

Il est regrettable, Sophie, que *Le Roi-Cerf* n'ait pu faire que trois représentations en raison de l'épidémie de grippe espagnole qui a fait, à ce que l'on dit, jusqu'à cent millions de morts. Ici aussi, nous avons eu une pandémie qui nous a contraints à rester enfermés pendant plusieurs mois, le virus s'est également propagé dans le monde entier et a fait plus de six millions de victimes.

Il me semble bien loin le temps où, poussés par la guerre, vous vous étiez réfugiés avec votre mari Jean Arp chez vos amis Magnelli. À Grasse de 1941 à 1943, vous aviez formé ensemble une colonie d'art. Dans ce lieu, votre amie Sonia Delaunay disait que vous aviez formé un petit îlot de paix et d'amitié, une atmosphère favorable au travail.

Je rêve de cet îlot.

Cela fait bien longtemps que je souhaite vous rendre visite dans cette belle ville de Locarno, où vous reposez depuis 1943 avec Jean Arp qui vous a rejointe en 1966. J'ai été un peu surprise lorsque j'ai appris que sa deuxième femme, Marguerite Arp-Hagenbach, était avec vous, j'espère que cela ne vous a pas trop dérangée.

Affectueusement,

Géraldine

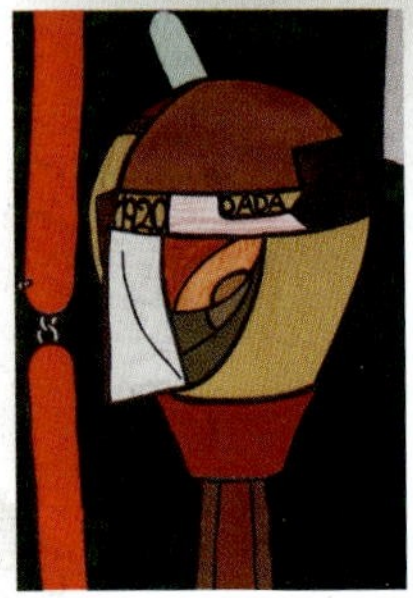

1. Détail de la broderie *Clarissa, la tête dada et le Roi-Cerf*, 2023

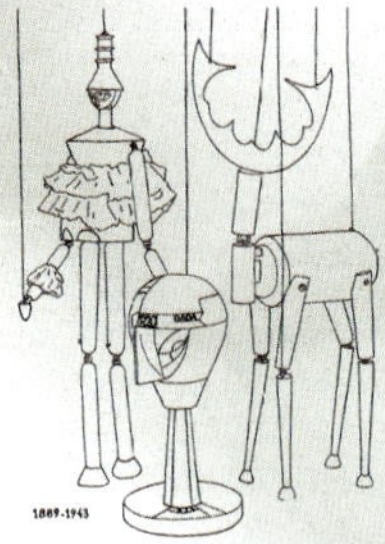

2. Dessin préparatoire, 2023

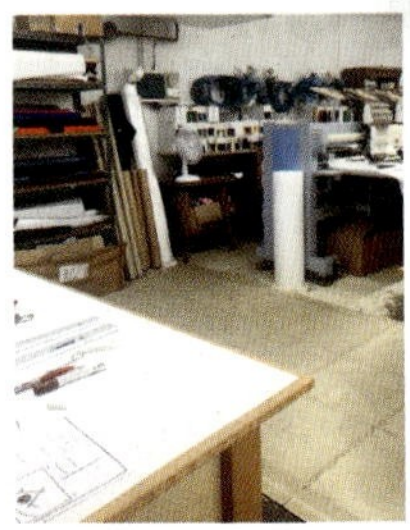

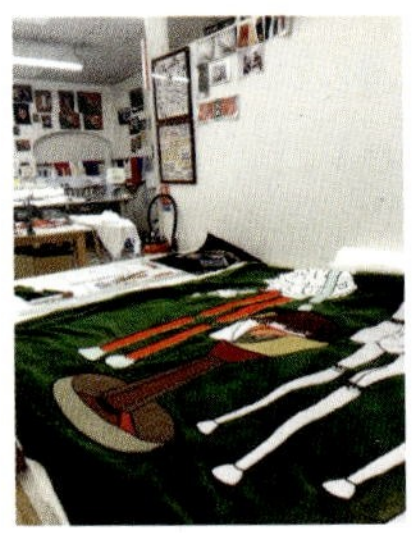

3. Manufacture Proton Capillery, 2023

Mon cher, ma chère Claude,

Ici, il est difficile de s'arrêter et de réfléchir tranquillement. Tout le monde est pressé et je suis incapable de vous dire pour quelle destination. L'art a bien du mal à se frayer un chemin dans cette époque où le tiers de la planète ne pense plus qu'au profit, pendant que l'autre partie du monde essaie de survivre sur une terre détruite et terriblement polluée où toutes les richesses naturelles ont été exploitées à outrance. Vous auriez certainement du mal à trouver votre place et à faire exister votre travail, je pense qu'il vous serait très difficile de faire éditer et diffuser vos écrits, *Aveux non avenus* ne pourrait certainement plus paraître aujourd'hui. Avec ce livre, vous vous efforciez déjà en vain de faire sortir vos contemporains de leur conformisme béat, de leur *complacency*, c'est comme cela que vous l'expliquiez à Paul Lévy. Je ne connais plus beaucoup d'artistes qui donneraient leurs œuvres à leurs amis sans penser à les vendre comme vous l'avez fait pendant toute votre vie. (Vous seriez surprise et certainement en colère de savoir à quel prix vos œuvres se vendent depuis quelques années.) On le sait, un artiste mort est bien souvent plus rentable qu'un artiste vivant. Je vous donne des nouvelles de ma tenture *À bas la guerre* que je suis en train de réaliser et qui vous est consacrée, à vous et à Suzanne bien sûr, votre amie, collaboratrice et compagne de toujours. La semaine dernière, j'ai pu terminer le dessin en couleurs. La broderie avance, toutes les pièces de tissus ont été placées, la composition me semble bien, je me suis inspirée des photomontages de votre essai autobiographique *Aveux non avenus* édité en 1930, du projet de couverture de la série *Le Cœur de Pic* de 1936, l'autoportrait de vous en fée de 1929, le *Montage d'objets sous globe de verre* de 1936, dont celui que vous aviez offert à André Breton qui vous avait écrit le 21 septembre 1938 : « Il est probable, du reste, que vous disposez d'un pouvoir magique très étendu. Je trouve aussi et ne fais que vous répéter que vous devriez écrire et publier. Vous savez très bien que je pense que vous êtes un des esprits les plus curieux de ce temps (des 4 ou 5) mais vous vous taisez à plaisir. » J'ai choisi les mains, les yeux, la cloche et les déguisements que vous affectionnez tant. J'ai trouvé des étoiles, une main et un cœur brodés de perles que je vais intégrer aux tissus. On trouve actuellement beaucoup de choses faites à la main, la plupart sont fabriquées en Chine par des personnes mal payées, des avions font des va-et-vient pour apporter ces marchandises en Europe, ce qui contribue à affaiblir la planète. Les petits métiers que vous avez connus ont disparu, ou sont en train de disparaître à jamais sans que personne ne réagisse. Comment faire, mon cher, ma chère Claude, pour trouver la force de résister? La résistance dont vous avez fait preuve lors de votre exil à Jersey en 1937 est admirable. Vous vous êtes engagées alors dans des actions de résistance en commençant à écrire et déposer des tracts sur toute l'île en les adressant directement aux soldats allemands,

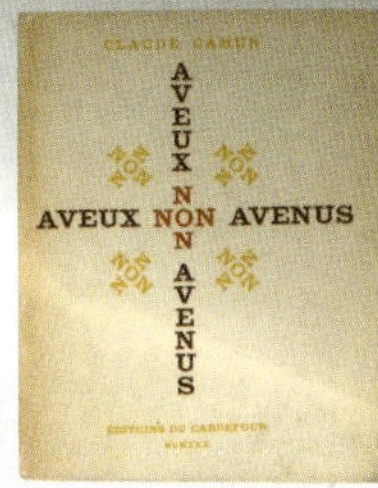

1. *Aveux non avenus*, 1930

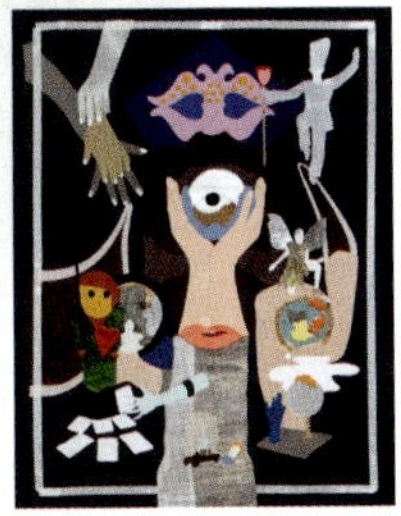
2. *À bas la guerre*, broderie en cours, 2023

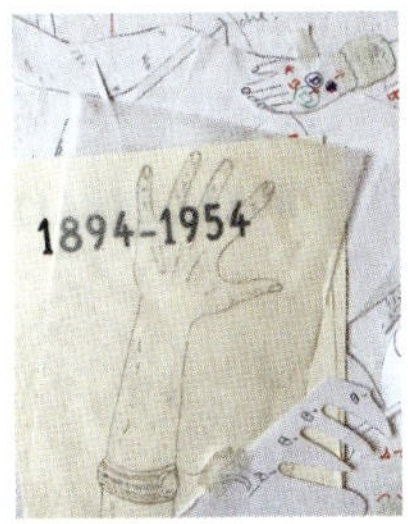

3. Étape de recherche, 2023

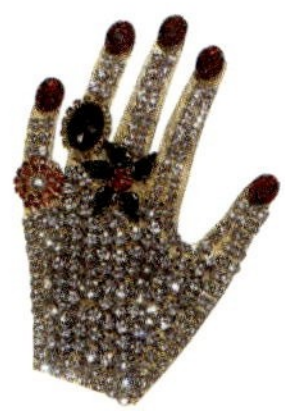
4. Broderie de main

les rédigeant dans de nombreuses langues, afin de laisser croire qu'une organisation internationale était à l'origine des papiers. Vous avez diffusé toutes les deux en quatre ans plus de six cents documents de contre-propagande dans l'île. Dans une lettre adressée à Charles-Henri Barbier le 21 janvier 1951, vous racontiez comment tout avait commencé, j'ai aimé votre façon de décrire si simplement vos actions : « [...] Suzanne a su parler allemand avant de savoir parler français, mais croyait avoir tout oublié... elle m'assura qu'elle ne savait construire cette simple expression : GUERRE-SANS-FIN... J'envoyai toute grammaire au diable. Je sortis. Je ramassai là-haut, sur la route Orange [sic] des cartons à cigarettes allemands... des verts avec un 5 dessus (devint plus tard un V). J'écrivis au crayon encre (violette, rouge, verte... pour attirer l'attention... sur le revers blanc des cartons que je ramassai l'un après l'autre) : Il s'agit de démoraliser les troupes en martelant les horreurs de la guerre et la proximité de la défaite allemande. » Et ce que vous aviez écrit sur votre premier tract : « KRIEG : ohne Ende [GUERRE-SANS-FIN], signé : DER SOLDAT OHNE NAMEN [Le soldat sans nom] ».
Après avoir été dénoncées, et arrêtées par la Gestapo le 25 juillet 1944, enfermées et condamnées à mort, vous aviez encore la force d'écrire et de penser : « Constatant que nous étions des femmes, ces êtres inférieurs ; que je n'étais même pas juive (selon la définition du national-socialisme) ; que nous n'appartenions pas au Parti communiste [...] ; que nous ne nous réclamions ni de Staline, ni de De Gaulle ; que nous avions la réputation de bourgeoises paisibles [...] ils y perdirent leur aryen [...] ils durent en fin de compte, nous condamner sans croire à notre existence. »
Comment avez-vous fait pour retourner vivre après votre libération en mai 1945 dans votre « Ferme sans nom », alors qu'une bonne partie de vos œuvres avait été détruite en 1944 par des soldats nationaux-socialistes lors du pillage de votre maison?
Il se peut que vous n'ayez jamais oublié ce dessin réalisé par Suzanne en 1910, peu de temps après votre rencontre, intitulée *LSM*, vos initiales entrelacées, une déclaration d'amour livrée au monde et dans les lettres duquel s'entend « elles s'aiment ».
Je n'ai pas encore pris le temps de vous rendre visite, mais j'aime à savoir que vous Lucy Schwob-Claude Cahun (1894-1954) et Suzanne Malherbe-Marcel Moore (1892-1972) reposez en paix dans une tombe commune, dans le cimetière de Saint-Brélade, tout près de votre ancienne demeure.
En ce moment, il me paraît plus simple de parler aux morts plutôt qu'aux vivants.

Amicalement,

Géraldine

PS : J'aimerais moi aussi créer des tracts,
mais je me demande où les mettre, car je ne sais
plus où se trouvent les ennemis.

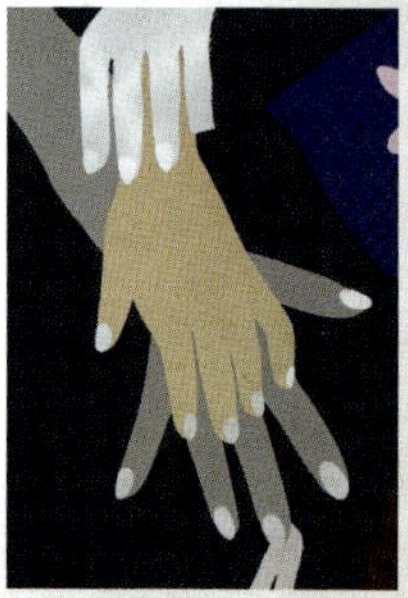

1. Détail de la broderie *À bas la guerre*, 2023

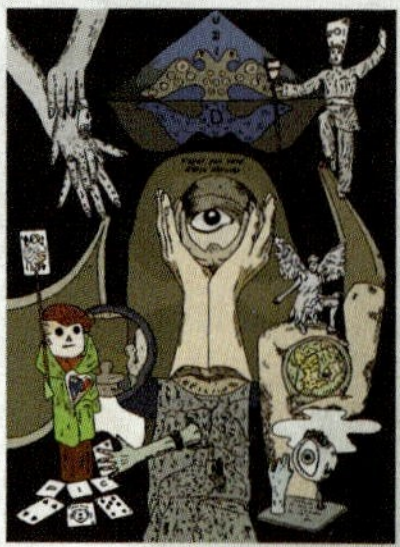

2. *À bas la guerre*, dessin préparatoire, 2023

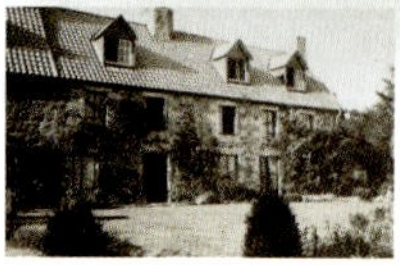

3. *Étude de la Rocquaise à Jersey*, 1938-1954.

Dear Meret,

The weather's nice today. I've finished the embroidered wall-hanging dedicated to your friend Sophie Taeuber-Arp and I'm still doing work based on your object sculptures. For several weeks now, I've been working with Le Grenier du Tremplin, a reintegration charity based in Villeurbanne. Karima has started embroidering the veins from your work *Gants*. Florence, Lilya, Fatima and Patricia organise themselves to work together effectively and efficiently.

I try to follow your example, I always do what I feel like doing without ever settling on a precise style so as not to get bored, and I remember to carry on experimenting and working without complaining.

It's hard to imagine how your work will be interpreted by people who don't know you and have never seen your work before. To understand what I'm hoping to achieve, all they have to go on is a colour print of my full-scale preliminary drawing for the wall-hanging. How can my drawing give any idea of how *Breakfast in Fur, your 1936 teacup (Déjeuner en fourrure)* and *Fur Gloves with Wooden Fingers (Gants en fourrure)* will be represented?

I don't know yet. So the final result will be an interpretation of an interpretation. Along with Florence, who supervises the team, I'm trying to find ways of producing the pieces; it's not that easy to translate the volume and the fur into flat two-dimensional fabric…

As you said in 1975, it's not always easy to speak in a new, personal language that nobody understands yet. Sometimes you have to wait a long time before you get any answer.
Nothing much has changed here, it's still difficult to be an artist and, for a woman, the difficulties are still twice as great. And we're still having to shake off society's image of women. But I agree with you that there is no such thing as woman's art, there is art… and that's all!

One of these days I'll come and see you in your final resting place, when I'm in Switzerland in Carona. I'll also say hello to Hermann Hesse, who is buried in the same village not very far from you, and I'll take a stroll through the narrow streets of the town centre that I'm sure Bertold Brecht must have appreciated when he stayed there in 1933 as an immigrant before eventually making his way to the United States.

With love,

Géraldine

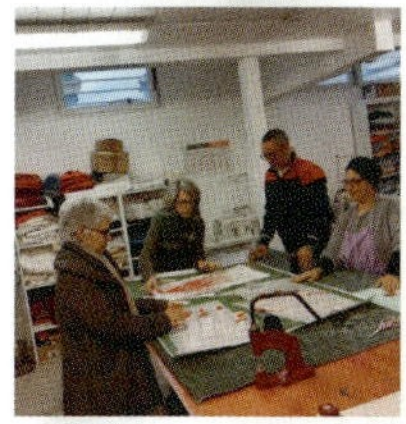

1. Association
Le Grenier du Tremplin,
Villeurbanne, 2024

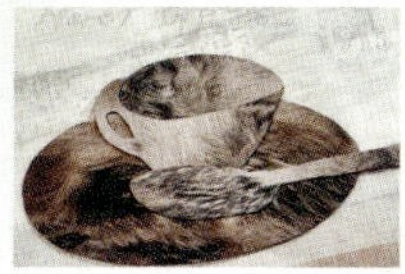

2. Artwork detail
in progress

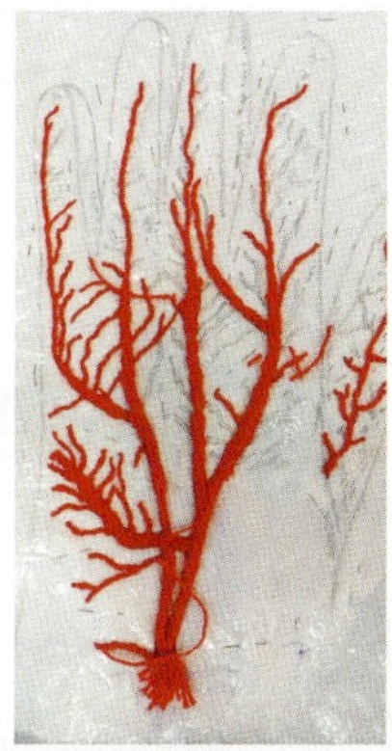

3. Artwork detail
in progress

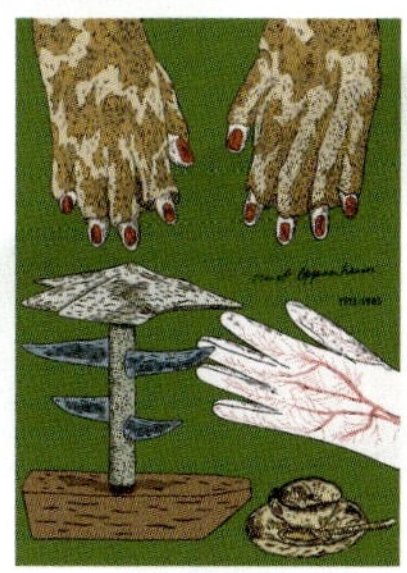

4. Un nuage sur
le bateau, les gants
et la tasse, dessin
préparatoire, 2023

Chère Valentine,

J'aurais vraiment aimé réaliser en broderie le dessin en couleurs qui vous rendait hommage. Malheureusement, la manufacture de broderie Proton Cappillery a fermé. Je suis arrivée devant la porte il y a deux jours, et là, il n'était pas écrit comme sur le petit panneau en bois de votre porte d'atelier « Je dors » et de l'autre côté « Je travaille », mais il y avait juste un papier scotché sur la porte avec écrit « Fermeture définitive ». Je ne m'attendais vraiment pas à ça ! J'avais fait réaliser la broderie de Sophie Taeuber-Arp à peine sept mois auparavant, et rien ne laissait prévoir cette fermeture.

J'ai donc décidé de peindre un tableau avec comme modèles quelques-uns de vos vases en céramique et une de vos cheminées.

Il est vrai que l'on doit toujours faire face et s'adapter, ce qui provoque parfois de belles choses, comme lorsque vous avez décidé de construire des cheminées pour pouvoir poser dessus vos grands vases qui ne trouvaient pas leur place ailleurs. Quelle belle idée !

Vous avez fait des allers-retours entre Paris et Sète pendant une grande partie de vote vie, mais à partir de 1963 vous avez investi pleinement la maison familiale située dans le quartier de la Corniche à Sète, vous en avez fait un terrain d'expérimentation. En remodelant cette « baraquette », vous avez pris le temps de réfléchir à la meilleure façon de vous asseoir, de manger, d'accrocher vos outils, de poser vos livres et vos objets pour qu'ils soient au plus proche de vous, pour être au mieux pour penser à vos cheminées et à vos compositions végétales, si bien photographiées par votre amie d'enfance Agnès Varda.

L'attachement pour la ville de Sète et la fidélité à vos amis montre à quel point il est important d'être ancré quelque part, entouré d'amis proches. J'aime vous imaginer dormir, travailler, manger, sortir en mer avec l'*Aghatos*, votre barquette marseillaise, dans un environnement paisible et beau.

Lors de votre dernier voyage en 2021, votre famille vous était reconnaissante de leur avoir transmis à eux et à vos amis cet amour des choses simples, sobres mais raffinées dans les détails et parfois empreintes d'humour. Elle disait de vous que vous aviez été une femme libre et indépendante, une artiste atypique, nous laissant une œuvre multiforme à la sensualité toute méditerranéenne. Entre vos mains travaillant la terre, le plâtre, le bois, le cuir, l'objet usuel et l'intérieur de la maison devenaient créations, des œuvres uniques, et le quotidien exceptionnel.

Bien à vous,

Géraldine

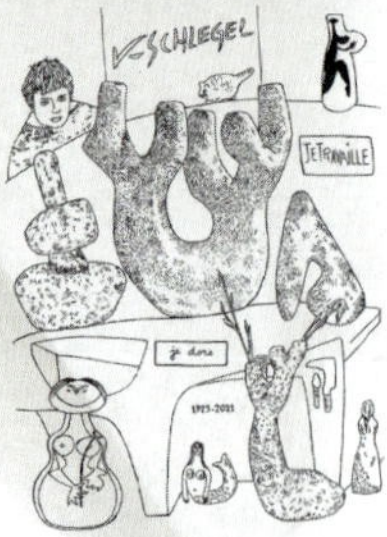

1. Dessin préparatoire, 2023

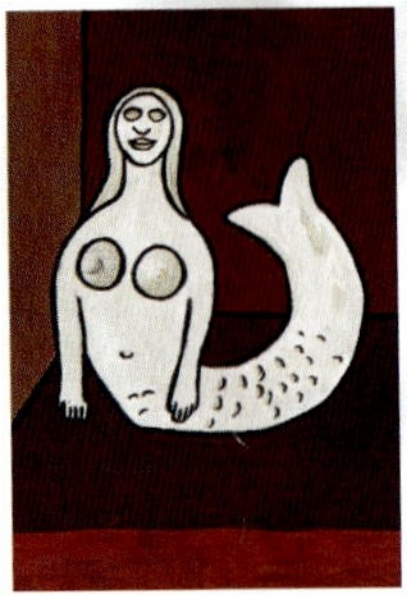

2. Détail de l'œuvre *Un intérieur, les vases et la cheminée*, 2023

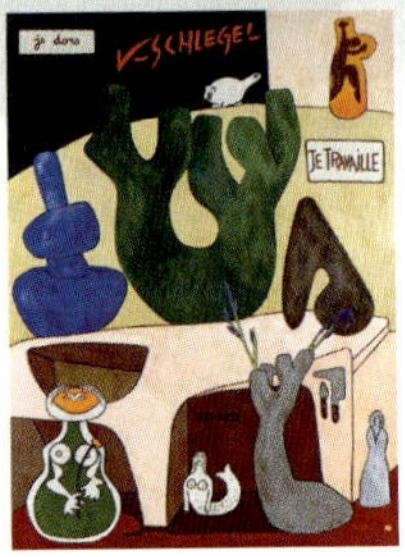

3. *Un intérieur, les vases et la cheminée*, peinture acrylique sur carton, 2023

Dear Moki,

It's possible that you might find my attempt at creating a wall hanging based on your tapestries a wee bit futile, but it hasn't stopped me from trying. The idea is to combine a few elements from your works, imbued as they are with the positive energy of the Sixties, into a single composition. I haven't started stitching the fabrics together yet, as Marguerite Soulier and I have to finish the Claude Cahun tapestry.

This tribute, my dear Moki, is also a tribute to your way of life, which has been an inspiration to me.
You, a Swedish artist-designer, and your husband Don Cherry, the Afro-American jazz trumpeter and composer with whom you collaborated throughout his life, managed to involve your children Neneh and Eagle-Eye Cherry, your friends and the people in your artistic ventures, whether it was concerts or the workshops you organised, or when you founded *Movement* in 1967, later rebaptised as *Organic Music or Organic Music Theatre*. You managed to create your own distinctive language out of the mix of influences. There's no doubt that it's slightly thanks to you that I thought art as an experience could be an alternative to a conventional life.

It was also because of the cover you created for Don Cherry's album *The Creator Has a Master Plan* that I actually bought the album. I listened to the title track over and over again for hours. It was much later that I realised that the geodesic dome on the cover was the one built by Bengt Carling on Buckminster Fuller's principles, and it was the dome you moved into with Don, in the summer of 1971, on the old firing range behind what used to be a Swedish navy prison on the island of Skeppsholmen in Stockholm. It was there that you designed sets and costumes, played music together and staged performances with the audiences. And when Pontus Hultén was the curator of the Moderna Museet in Stockholm, he invited you to take part in the exhibition *Utopier och Visioner 1871-1981*,which drew on a number of utopian scenarios.

I got a good idea of the pleasant, joyful atmosphere of the different houses in the countries where you lived from looking at photos of them. They were all welcoming places, full of sharing and creative research, places that gave meaning to life by conveying a message of peace and hope.

Thank you for all those successful experiments, my dear Moki.

I'm afraid I don't know when I'll be able to come and pay my respects to you at Farstorp new cemetery.

With all my love,

Géraldine

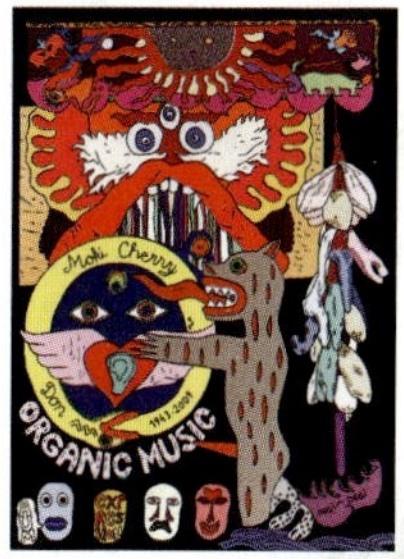

1. *Organic Music, le dragon, la communauté,* preparatory drawing, 2024

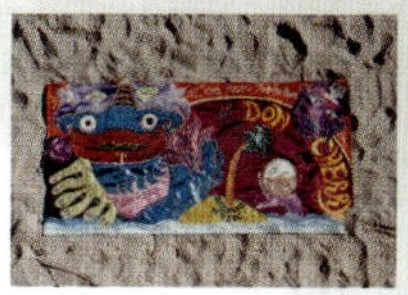

2. 'Brown Rice' (1975) tapestry photographed by Moki Cherry on Santa Monica beach, 1979.

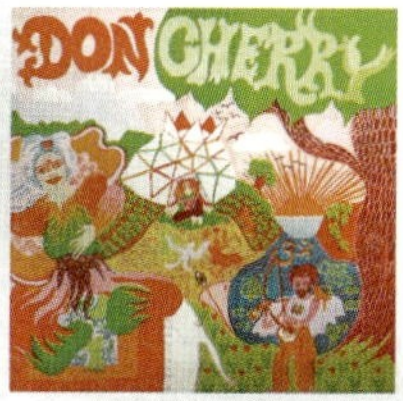

3. Album cover of Don Cherry, *The Creator Has a Master Plan* (1973) by Moki Cherry

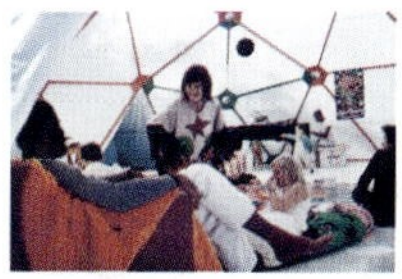

4. Moki Cherry and others in the dome project, *exhibition view Utopias & Visions 1871-1981*, Moderna Museet, Stockholm, 1971

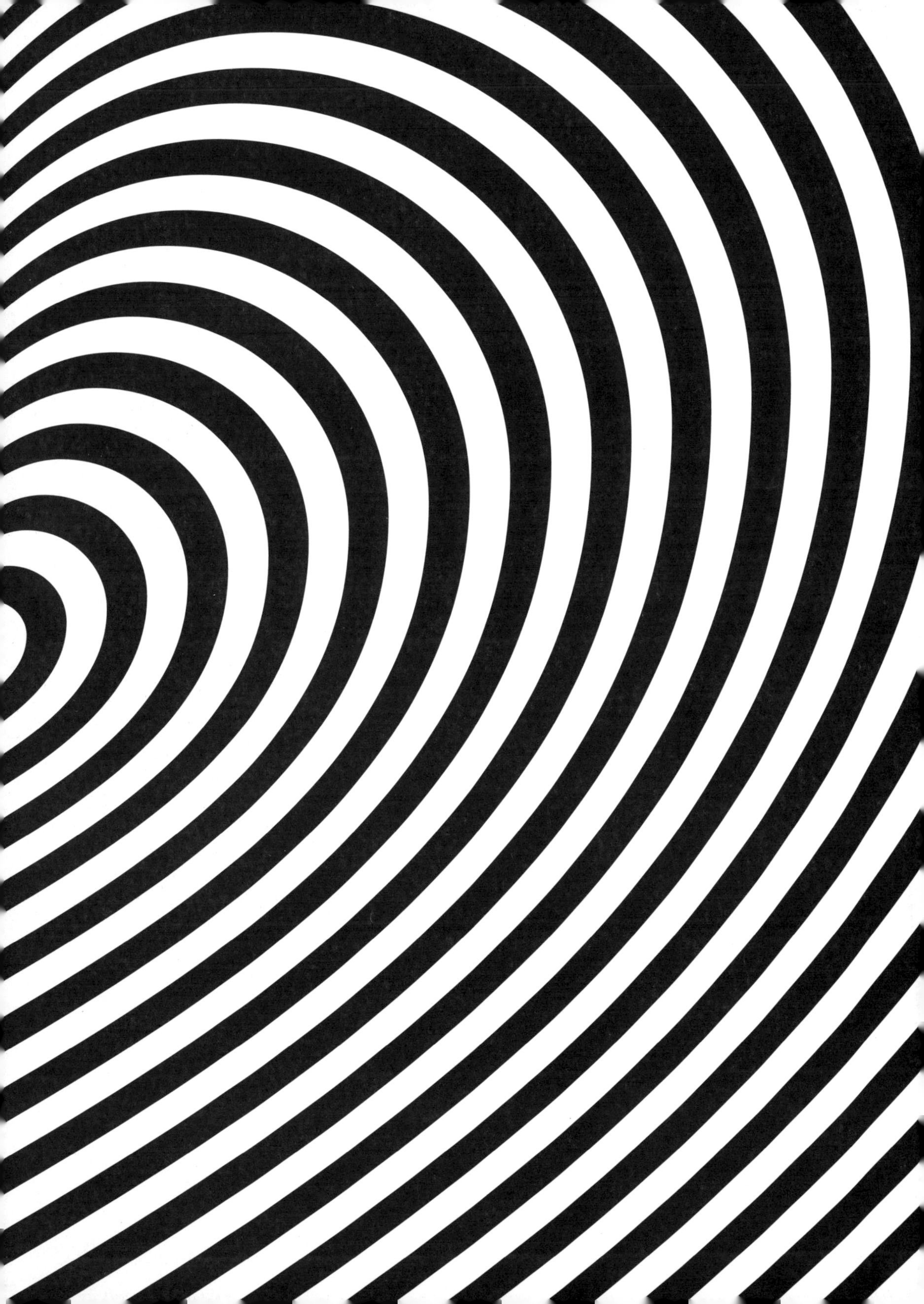

Kenneth Armitage

Né en 1916 à Leeds, Angleterre
Décédé en 2002 à Londres, Angleterre

Born in 1916 in Leeds, England
Died in 2002 in London, England

Kenneth Armitage est un sculpteur qui a travaillé le bronze à différentes échelles. Après avoir fréquenté la Slade School of Fine Art, il s'est engagé dans l'artillerie royale britannique au début de la Seconde Guerre mondiale. En 1958, il fait partie d'un groupe de sculpteurs représentant le Royaume-Uni à la Biennale de Venise, à l'occasion de laquelle le critique Herbert Read souligne la « géométrie de la peur » que les formes austères et dépouillées de leurs œuvres semblent alors véhiculer. Créée dans ce contexte, l'œuvre de Kenneth Armitage se distingue par son caractère ludique et son humour discret.

Study for Large Seated Group [Étude pour un grand groupe assis] (1957) présente un ensemble dynamique de personnages en rangées successives, peut-être avec des enfants assis sur leurs genoux, leur tête semblant osciller dans le vide, leurs jambes entremêlées. Le volume homogène qu'ils forment dans l'espace prend l'aspect d'un manteau enveloppant et protecteur. Bien que les personnages soient dépourvus de détails permettant de les identifier, leurs formes ne manquent ni de personnalité ni de vivacité, comme s'ils s'agitaient et gigotaient au moment de prendre place.

Dans *Friends Walking* [Trois amis marchant] (1952), un trio marche au pas, les silhouettes étant suggérées par les entailles dans le volume quadrangulaire qu'elles occupent. Kenneth Armitage nous montre peu de détails, et les bras qui oscillent horizontalement sont comme le raccourci de différentes actions : gesticulation animée, bras se croisant, manteau rabattu pour se protéger du vent. Des trois personnages émergent huit jambes qui descendent, fines comme le pied d'un verre à vin. Ce surnombre constitue une surprise, à peine visible pour le public, ou suggère un mouvement, à la manière des décompositions de Muybridge.

Dans *Two Seated Figures* [Couple assis] (1952), les deux personnages paraissent se pencher et se balancer, bougeant à l'unisson comme s'ils chantaient ou riaient. Leur proximité physique, l'un étant à moitié sur les genoux de l'autre, suggère qu'il s'agit d'amoureux saisis dans un élan d'affection insouciante.

Kenneth Armitage
Friends Walking
1952

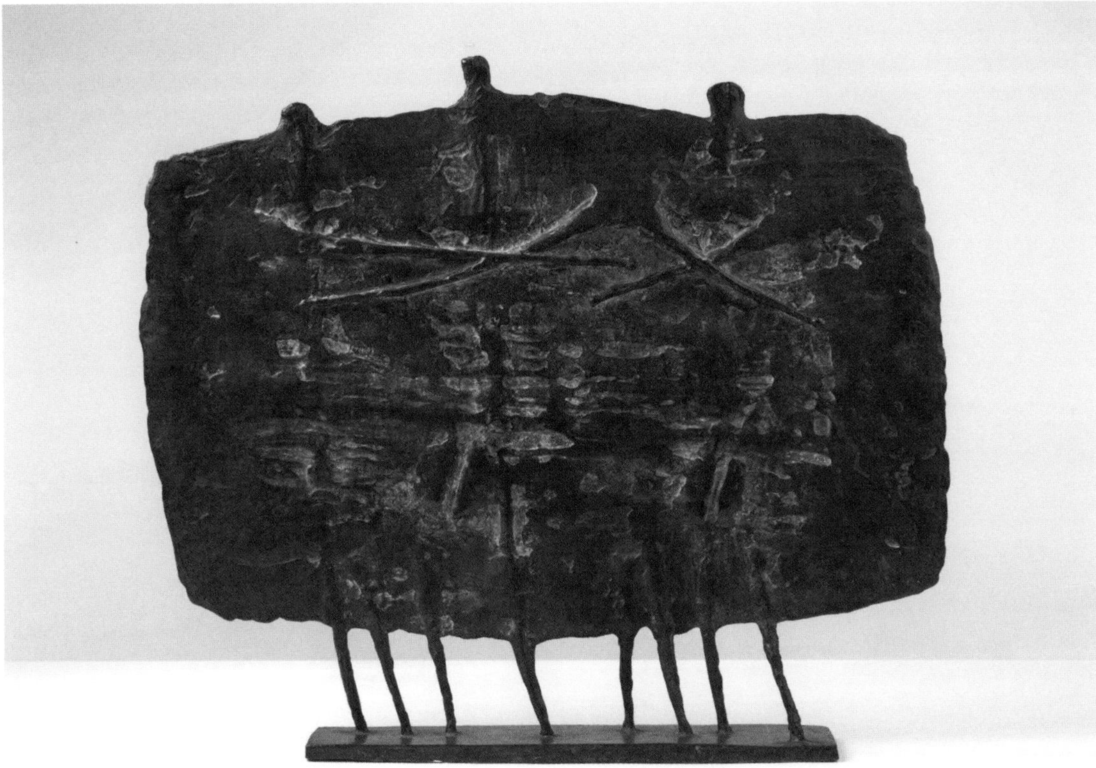

Kenneth Armitage was a sculptor who worked in bronze at a variety of scales. After attending the Slade School of Fine Art, he joined the Royal Artillery at the outbreak of the Second World War. In 1958, Armitage was among a group of sculptors representing the United Kingdom at the Venice Biennale, where Herbert Read observed the 'geometry of fear' that the stark, spare forms of their works seemed to convey. Created within this zeitgeist, Armitage's work remains distinctive for its playfulness and quiet humour.

Study for Large Seated Group (1957) suggests a dynamic cluster of figures in staggered rows, perhaps with children on their laps, heads bobbing in and out of view, knees and legs jostling. The homogenised spatial zone that they occupy acts like an enveloping, protective cloak. Although the figures are devoid of identifying details, their forms feel characterful and alive, fidgeting and wriggling as they settle down.

In *Friends Walking* (1952), a trio walk in step, with individual silhouettes implied by indentations in the slab of space that they share. Armitage uses a sparsity of detail, and the figures' arms sweeping horizontally form a shorthand for a variety of actions: animated gesticulation; arms thrown around one another; coats pulled closer in the wind. Between the three figures, there are eight skinny legs, running down like those on a glass of wine. The presence of the extra limbs could suggest movement, Muybridge-like, or they may be an impish Easter egg awaiting observation.

Two Seated Figures (1952) lean and sway, moving in unison as though singing or laughing. Their physical closeness, with one half on the lap of the other, suggests that they are lovers in a moment of carefree affection. ●

Kenneth Armitage
Study for Large Seated Group
1957

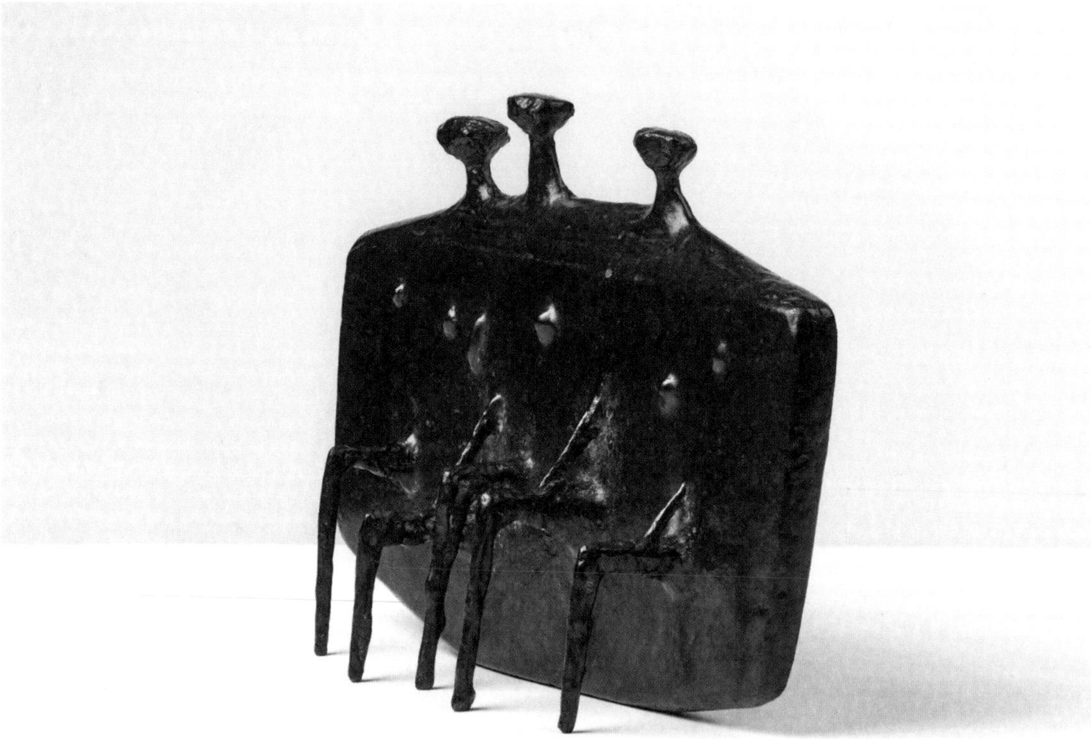

Kenneth Armitage
Two Seated Figures
1952

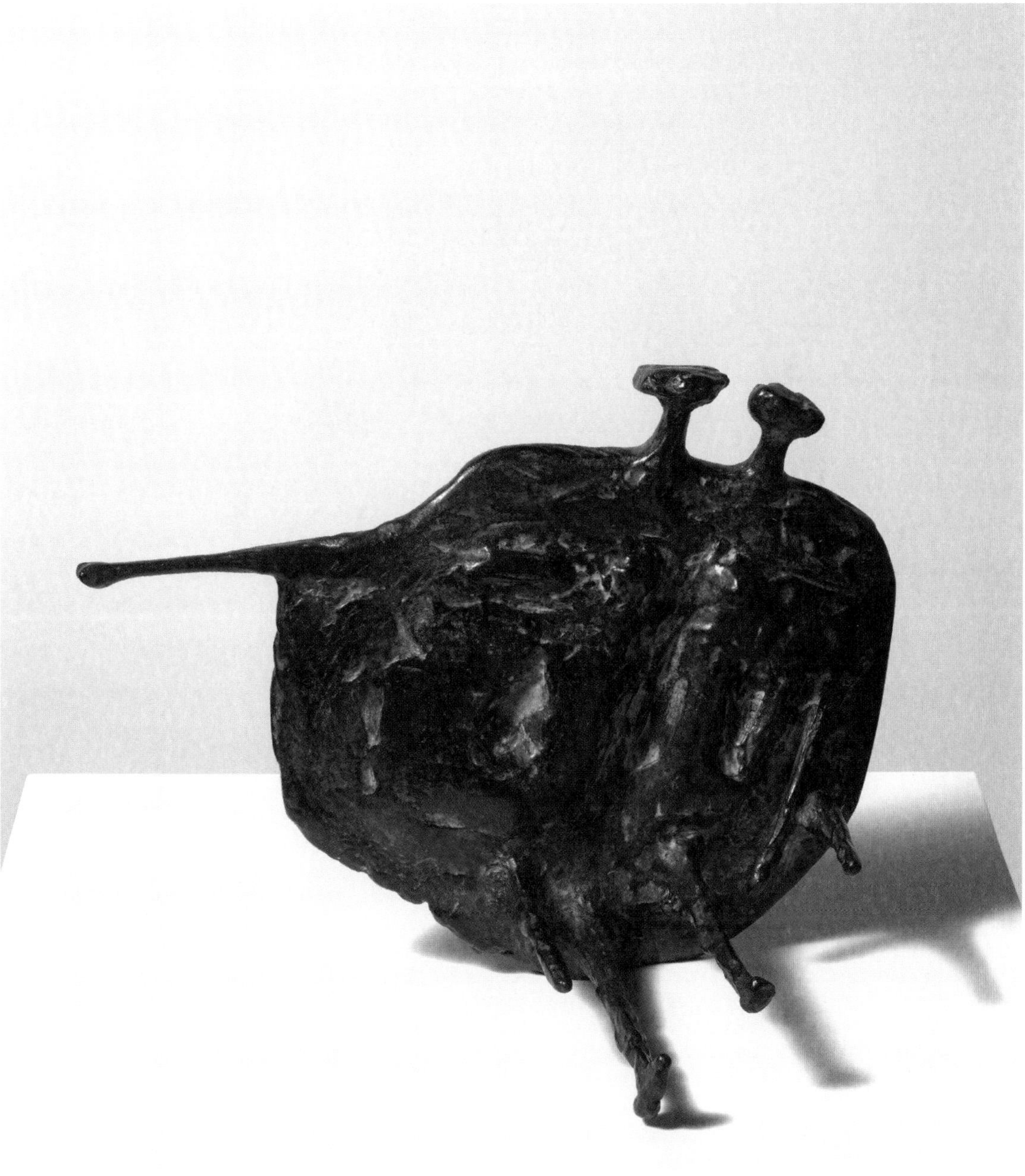

Sonia Boyce 38

Née en 1962 à Londres, Angleterre
Vit et travaille à Londres, Angleterre

Born in 1962 in London, England
Lives and works in London, England

Sonia Boyce est artiste et professeure de Black Art & Design à l'Université des Arts de Londres. Sa pratique artistique est variée et mêle, entre autres, la peinture, le dessin, le collage, le texte, la photographie, la vidéo et le son. Le début de sa carrière est marqué par la peinture et le dessin figuratifs. Figure clé du British Black Arts Movement dans les années 1980, mouvement artistique animé par une volonté de visibilité et de reconnaissance des artistes noir·es et racisé·es, elle aborde notamment dans son œuvre des questions d'origine et de genre et leurs représentations.

Si l'artiste s'est souvent placée comme sujet central de ses premières œuvres, parfois même en personnage admoniteur, les années 1990 marquent un tournant dans sa pratique artistique. Elle cesse de se représenter et s'oriente vers une approche plus conceptuelle de l'art, collaborative et participative. Elle travaille alors étroitement avec des artistes, des chanteur·euses, des danseur·euses mais aussi avec les publics et les personnels des musées, et s'engage dans des créations et performances à plusieurs mains, souvent improvisées et spontanées. Intéressée par le travail de l'artiste française Sophie Calle, dont l'œuvre se nourrit de ses interactions avec les gens, Sonia Boyce traite, parfois avec humour, des dynamiques sociales.

Son œuvre *Pillow Case* [Taie d'oreiller] (1990) regroupe des petites annonces de rencontre publiées par des inconnu·es recherchant des ami·es ou des amant·es. L'œuvre s'inscrit dans une ère où les sites de rencontre n'existent pas encore et où les petites annonces qui naissent dans la presse, et dont la forme est très standardisée, sont un moyen de formuler ses désirs, ses critères, mais aussi de dresser un autoportrait valorisant pour augmenter ses chances de réussite. L'artiste se plonge ainsi de manière ludique dans l'analyse de cette pratique sociale et s'empare des envies d'amitié ou d'amour de chacun·e pour les transformer en une œuvre d'art exposée au public. ●ALB

Sonia Boyce
Pillow Case
1990

39

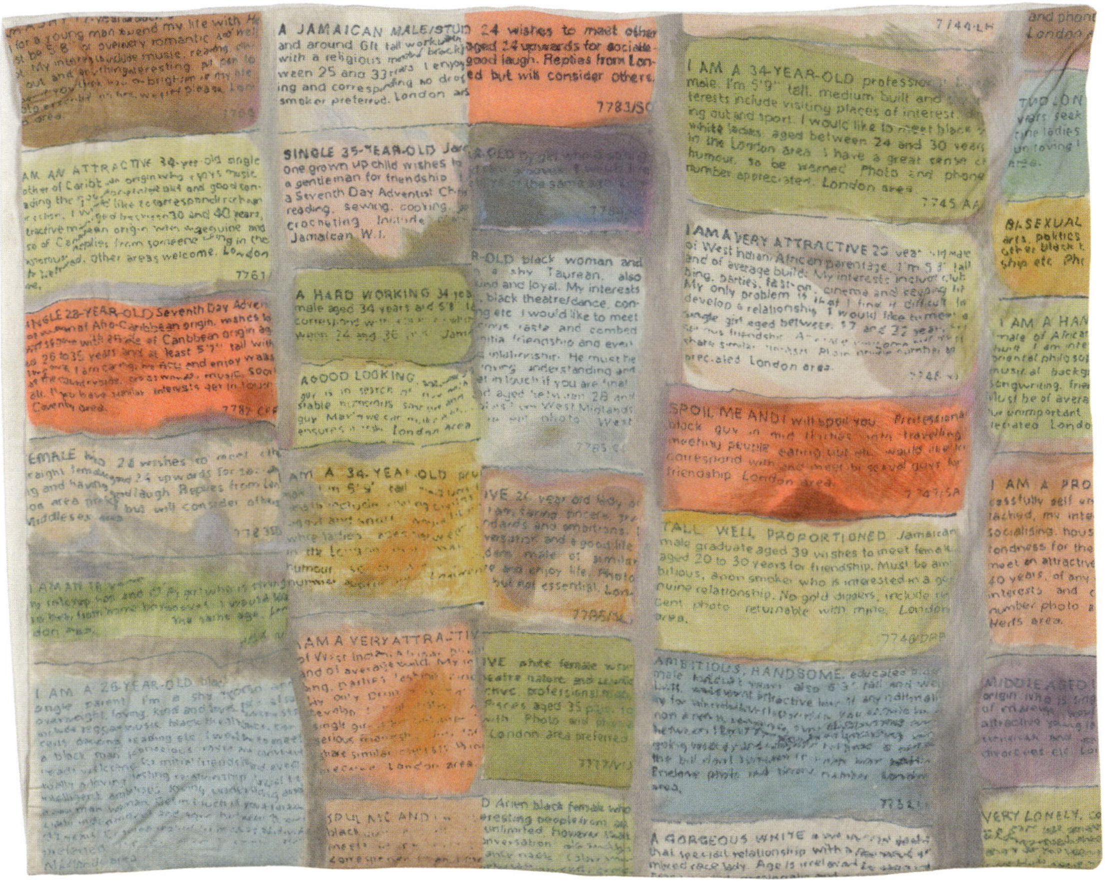

Sonia Boyce is an artist and Professor of Black Art & Design at the University of the Arts, London. Boyce's work involves a variety of media, such as painting, drawing, print, photography, video and sound. Her early works were mainly figurative paintings and drawings. As a key figure in the British Black Arts Movement in the 1980s, an artistic movement driven by the desire for visibility and recognition for Black and racialised artists, her work addresses issues of origin and gender and their representations.

Although Boyce often made herself the central subject in her early works, sometimes even adopting the role of an admonishing figure, the 1990s marked a shift of focus. She stopped representing herself and moved towards a more conceptual, collaborative and participatory approach to art. Working closely with artists, singers and dancers, but also with museum staff and audiences, she engaged in collegial, often improvised and spontaneous creations and performances. Boyce is interested in the work of French artist Sophie Calle, which is informed by her interactions with people; Boyce also deals, sometimes humorously, with social dynamics.

Her work *Pillow Case* (1990) is a collection of classified ads posted by strangers looking for new friends or lovers. The work was created at a time when dating websites did not yet exist, and when the small ads that appeared in the press, in highly standardised form, were a way for people to express their desires and requirements. In these ads, people would often describe themselves in a good light in order to increase their chances of success. The artist takes a playful approach to analysing this social practice, and transforms each advertiser's desire for friendship or love into a public work of art.

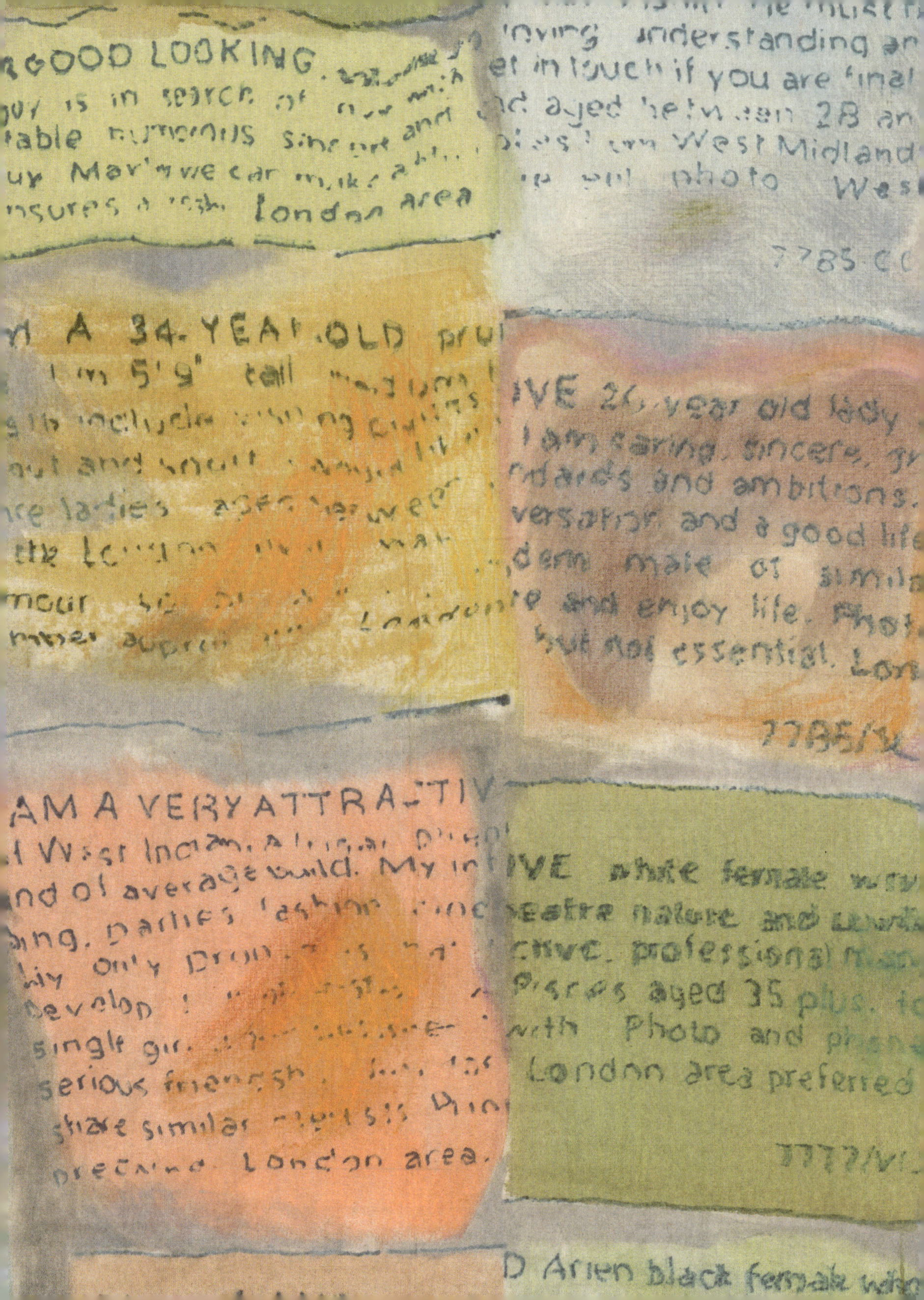
GOOD LOOKING
understanding
et in touch if you are final
aged between 28 an
West Midland
photo West
London area
A 34-YEAR OLD
I'm 5'9" tall
IVE 26 year old lady
I am caring, sincere,
ndards and ambitions.
versation and a good life
male of simil
e and enjoy life. Phot
but not essential. Lon
AM A VERY ATTRA-TIV
West Indian
nd of average build. My in
IVE white female
single gir
serious friendsh
share similar
London area.
professional
aged 35 plus
with Photo and
London area preferred
D Arien black female

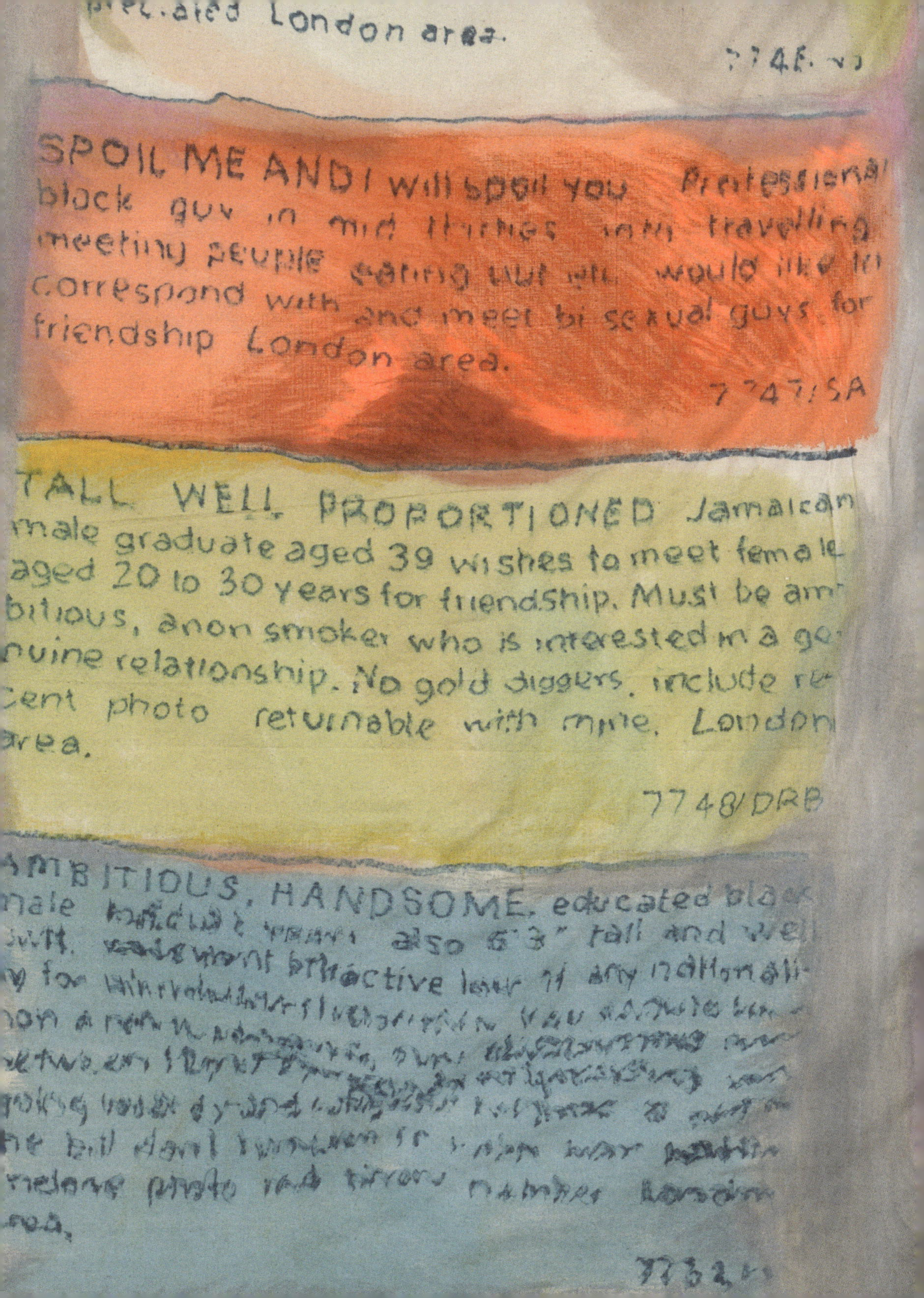
London area.
SPOIL ME AND I will spoil you. Professional black guy in mid thirties into travelling, meeting people eating out etc. would like to correspond with and meet bi sexual guys for friendship London area.
7747/SA
TALL WELL PROPORTIONED Jamaican male graduate aged 39 wishes to meet female aged 20 to 30 years for friendship. Must be ambitious, a non smoker who is interested in a genuine relationship. No gold diggers. include recent photo returnable with mine. London area.
7748/DRB
AMBITIOUS, HANDSOME, educated black male
also 5'3" tall and well
attractive
photo
number

Tereza Bušková

Née en 1978 à Prague, République tchèque
Vit et travaille à Birmingham, Angleterre

Born in 1978 in Prague, Czech Republic
Lives and works in Birmingham, England

La pratique artistique de Tereza Bušková est fondée sur une approche anthropologique et explore la notion de communauté en s'intéressant aux traditions folkloriques, aux rituels et à l'artisanat. D'origine tchèque, l'artiste fait l'éloge des coutumes slaves et européennes, notamment celles de l'Angleterre, pour révéler les liens qui unissent les individus. Elle accorde une place essentielle à la rencontre de l'autre et oriente sa démarche vers des ateliers participatifs et communautaires. Ses œuvres sensibles et engagées prennent la forme de vidéos, de performances et de gravures.

Il y a quelques années, Tereza Bušková découvre l'existence de la tradition anglaise « *Clipping the church* » [Étreindre l'église], une cérémonie aujourd'hui presque oubliée pendant laquelle les fidèles et les familles réuni·es se donnent la main pour former une chaîne de solidarité autour d'une église, chantant des hymnes pour louer leur foi et leur appartenance à la communauté. « En tant qu'immigrante tchèque, j'ai trouvé que cette tradition était un excellent moyen de rassembler les gens pour célébrer des choses aussi importantes que nos mères ou faire de la pâtisserie[1] », explique l'artiste.

En 2016, treize jours avant le référendum qui allait entériner le Brexit, elle orchestre une performance processionnelle lors de laquelle plus de deux cents membres de la communauté d'Erdington à Birmingham ont embrassé l'église locale St. Barnabas en se tenant par la main, redonnant vie à cette tradition populaire. Au cours de cette performance, Tereza Bušková a choisi de consacrer l'archétype de la « mère » et d'associer les us et coutumes d'un rituel anglais à ceux des fêtes des moissons et des mariages bohémiens de son pays d'origine, représentés ici par des ornements traditionnels réalisés en pâte à sel. En ravivant cette coutume britannique, l'artiste fait de sa performance un acte symbolique, où l'union de diverses communautés renforce leur sentiment d'identité et d'appartenance. ●ML

1. Tereza Bušková, site de l'artiste (www.terezabuskova.com) consulté le 8 janvier 2024 [traduction de l'autrice]. Dans la tradition tchèque, « faire de la pâtisserie » a une symbolique forte puisque l'artiste fait référence ici aux boží milosti, que l'on peut traduire par « croûtes célestes », des pâtisseries frites cuisinées pour les mères après la naissance d'un enfant pour leur redonner de la force.

Tereza Bušková
Clipping the Church
2016

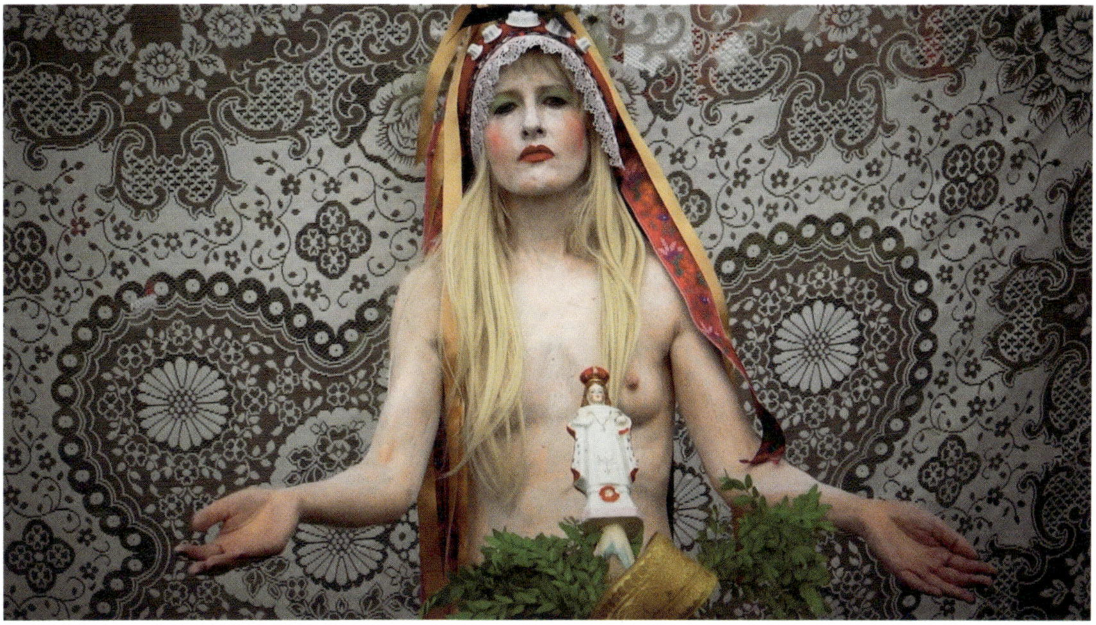

Tereza Bušková's art is based on an anthropological approach; she likes to explore the notion of community through an interest in folk traditions, rituals and crafts. The Czech-born artist celebrates Slavonic and European (especially English) traditions, and seeks to reveal the ties that bind individuals together. She attaches great importance to meeting others, and focuses her work on collaborative, community-based workshops. Her sensitive and committed works encompass videos, performances and prints.

A few years ago, Bušková discovered the existence of an English tradition known as 'Clipping the Church', a now almost forgotten ceremony in which churchgoers and their families hold hands in a ring around a church, singing hymns in witness of their faith and their sense of community. The word 'clipping' is Anglo-Saxon in origin, and is derived from the word '*clyppan*', meaning 'embrace' or 'clasp'. As the artist explains: 'As a Czech immigrant it struck me as a great way to literally bring people together to celebrate important things like baking and our mums'.[1]

In 2016, thirteen days before the Brexit referendum, she staged a processional performance in which over two hundred community members from Erdington in Birmingham literally embraced the local church of St. Barnabas, holding hands in a revival of this folk tradition. Bušková enshrined the archetype of the 'mother' in this performance and at the same time linked the traditions of an English ritual with those of harvest festivals and Bohemian weddings in her native country, represented here by traditional ornaments made from salt dough. By reviving this British custom, Bušková turned her performance into a symbolic act, in which the union of different communities strengthens their sense of identity and belonging.

1. Tereza Bušková, artist's website (www.terezabuskova.com) consulted 8 January 2024. In Czech tradition, 'baking' has a strong symbolic meaning, since the artist is referring here to Boží Milosti, which can be translated as 'heavenly crusts', fried pastries baked for mothers to give them strength after the birth of a child.

Tereza Bušková
Clipping the Church
2016

44

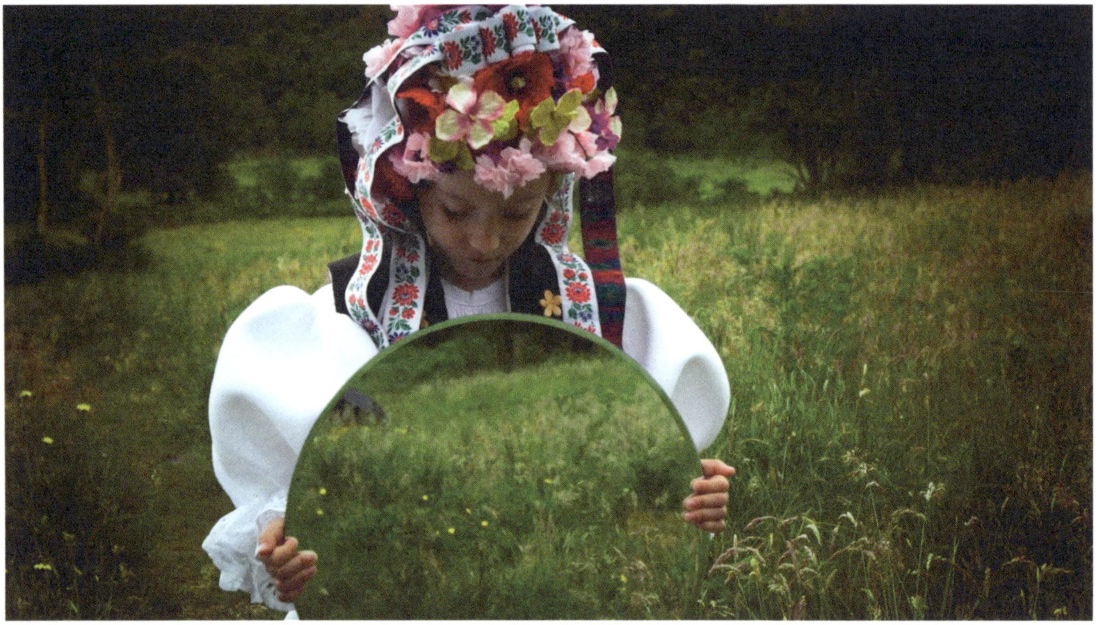

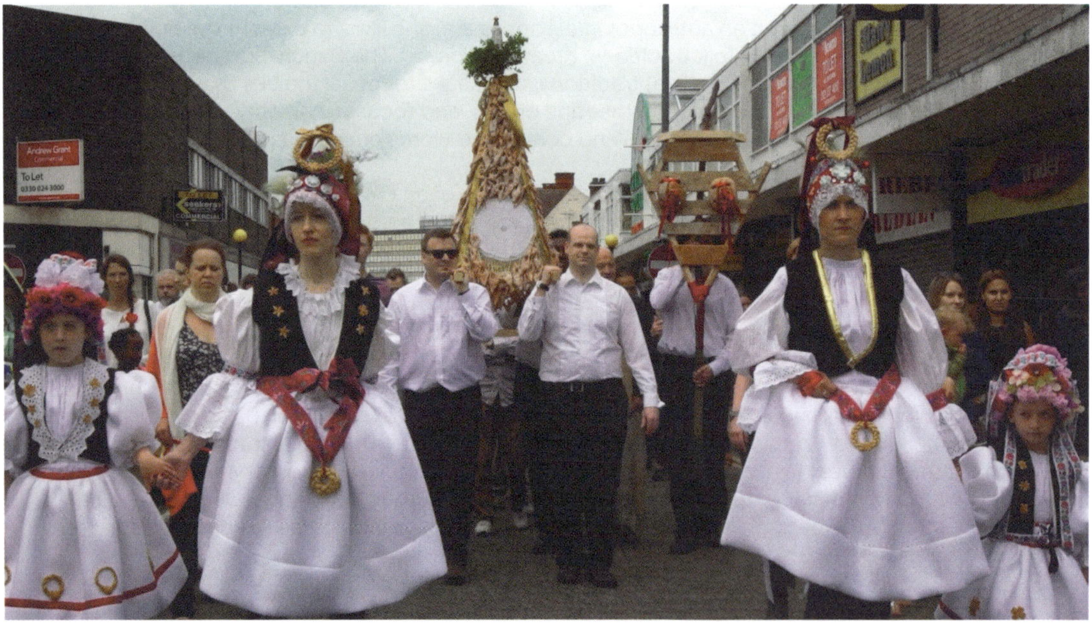

Tereza Bušková
Clipping the Church
2016

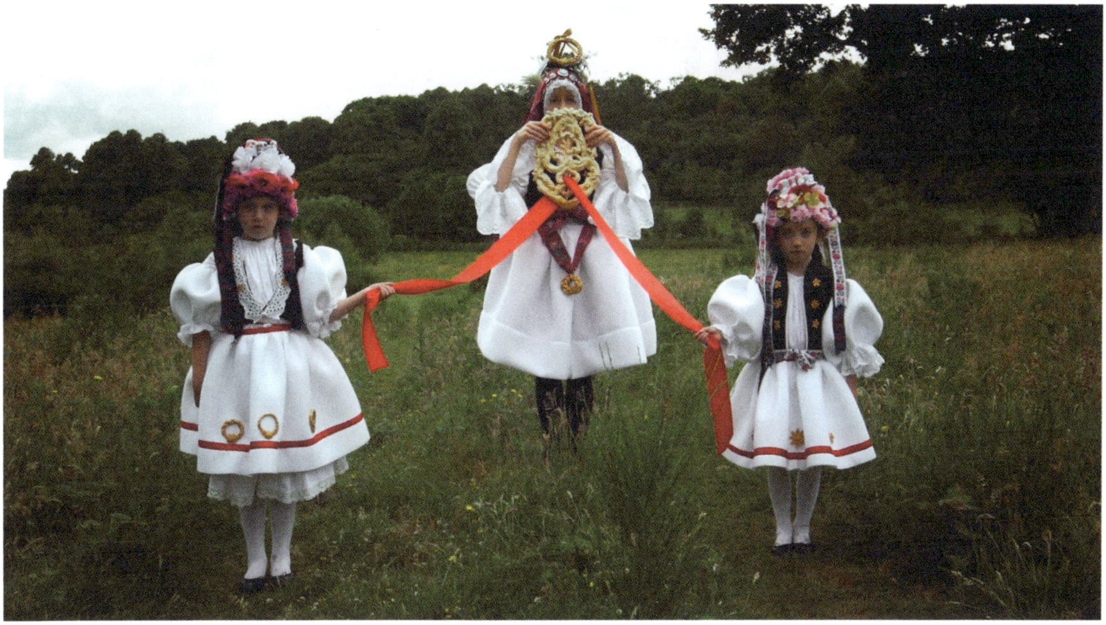

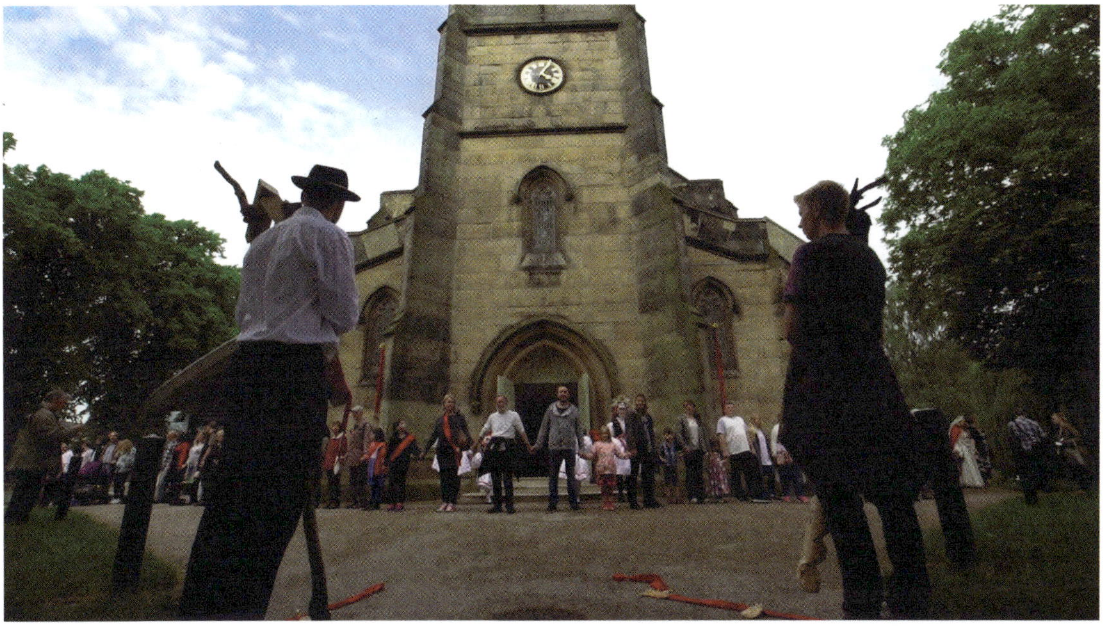

Pogus Caesar

Né en 1953 à Saint-Kitts, Antilles
Vit et travaille à Birmingham, Angleterre

Born in 1953 in Saint-Kitts, West Indies
Lives and works in Birmingham, England

Dans les années 1980, Pogus Caesar découvre le travail de Diane Arbus, photographe américaine, et s'empare d'un appareil photographique. Animé par sa curiosité pour les livres qui, dès le plus jeune âge, le transportent dans des contrées inconnues, il parcourt le monde, photographiant en 35 mm diverses communautés et événements historiques. Affectionnant particulièrement la prise de vue sur pellicule, l'artiste dévoile la simplicité de l'ordinaire et du banal, donnant un aperçu de la vie des personnes qu'il rencontre au cours de ses voyages.

Pour réaliser ses photographies, il s'inspire de la notion de « flâneur » utilisée par Charles Baudelaire dans *Le Peintre de la vie moderne* (1863) et par Walter Benjamin dans ses écrits du début du XXe siècle. Artiste, intellectuel ou poète, le flâneur désigne le promeneur, l'observateur, le spectateur de la vie et de la société qui élit domicile au cœur de la foule. De la même manière, Pogus Caesar fait de la déambulation et de la spontanéité les éléments essentiels de sa pratique artistique. L'expérience de la ville et les émotions ressenties lors de ses promenades sont les moteurs de sa création. Il réalise un vaste ensemble de photographies de près de dix-sept mille négatifs, *Schwarz Flaneur* (initiée en 1983), qui constitue une part essentielle de cette archive. Si le terme « flâneur » s'inspire directement de la définition qu'en fait Baudelaire, le terme « *schwarz* » signifie la couleur noire en allemand et fait référence à l'attachement de l'artiste pour la pellicule noir et blanc.

Les photographies prises sur le vif de Pogus Caesar soulignent à quel point les rencontres, l'instantanéité et la curiosité sont parties intégrantes de l'art du portrait. Elles se positionnent ainsi comme témoins d'une vie urbaine en perpétuel changement. Les inconnu·es que l'artiste photographie et avec qui il noue des relations en sont les principaux·ales acteur·rices. ●ALB

Pogus Caesar
Dinner Ladies, Birmingham, UK
1984
Série | *Series Schwarz Flaneur*

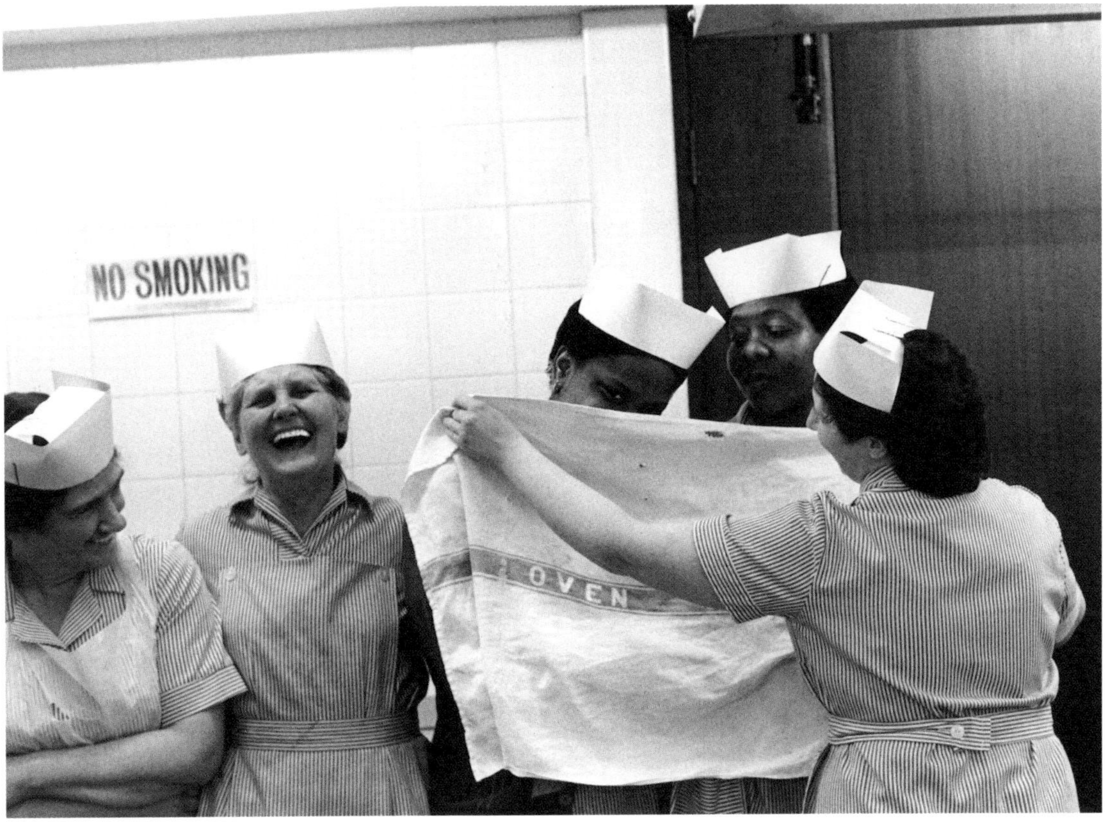

In the 1980s, Pogus Caesar discovered the work of American photographer Diane Arbus and was immediately drawn to the camera. Driven by a curiosity for books, which had transported him to faraway places from an early age, he has travelled the world, photographing all kinds of communities and historical events on 35 mm film. With a particular fondness for film, the artist captures the simplicity of the ordinary and the mundane, giving a glimpse into the lives of the people he meets on his travels.

His photographs are inspired by the notion of the *flâneur*, as used by Charles Baudelaire in *Le Peintre de la vie moderne* [The Painter of Modern Life] (1863) and by Walter Benjamin in his early twentieth-century writings. Whether artist, intellectual or poet, the *flâneur* is a person of leisure, an idler, an urban explorer, a connoisseur of the street, an acute observer of contemporary life and society, who feels most at home in the midst of a crowd. In the same vein, Caesar has made wandering and spontaneity essential elements of his artistic practice. The experience of the city and the emotions he feels when out walking are the driving forces behind his work. He has produced a vast collection of photographs – almost seventeen thousand negatives – and *Schwarz Flaneur* (since 1983) forms an essential part of the archive. While the term *flaneur* is directly inspired by Baudelaire's definition, 'schwarz' means black in German and refers to the artist's attachment to black and white film.

Caesar's spontaneous photographs underline the extent to which chance encounters, immediacy and curiosity are integral to the art of portraiture. They are witnesses to the ever-changing nature of city life. The strangers that the artist has photographed and with whom he has forged relationships are the major protagonists of these works.

Pogus Caesar
See Dat, London
2008
Série | *Series Schwarz Flaneur*

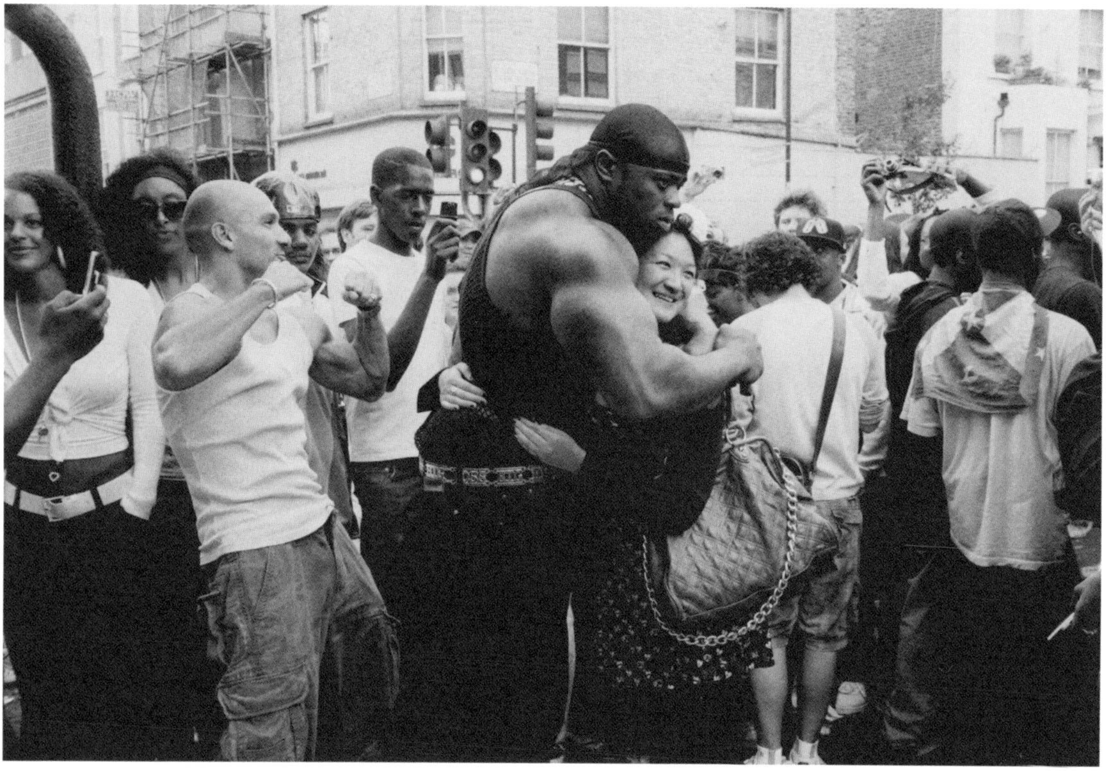

Pogus Caesar
Me Bess Fren, Cape Town, South Africa
2007
Série | *Series Schwarz Flaneur*

49

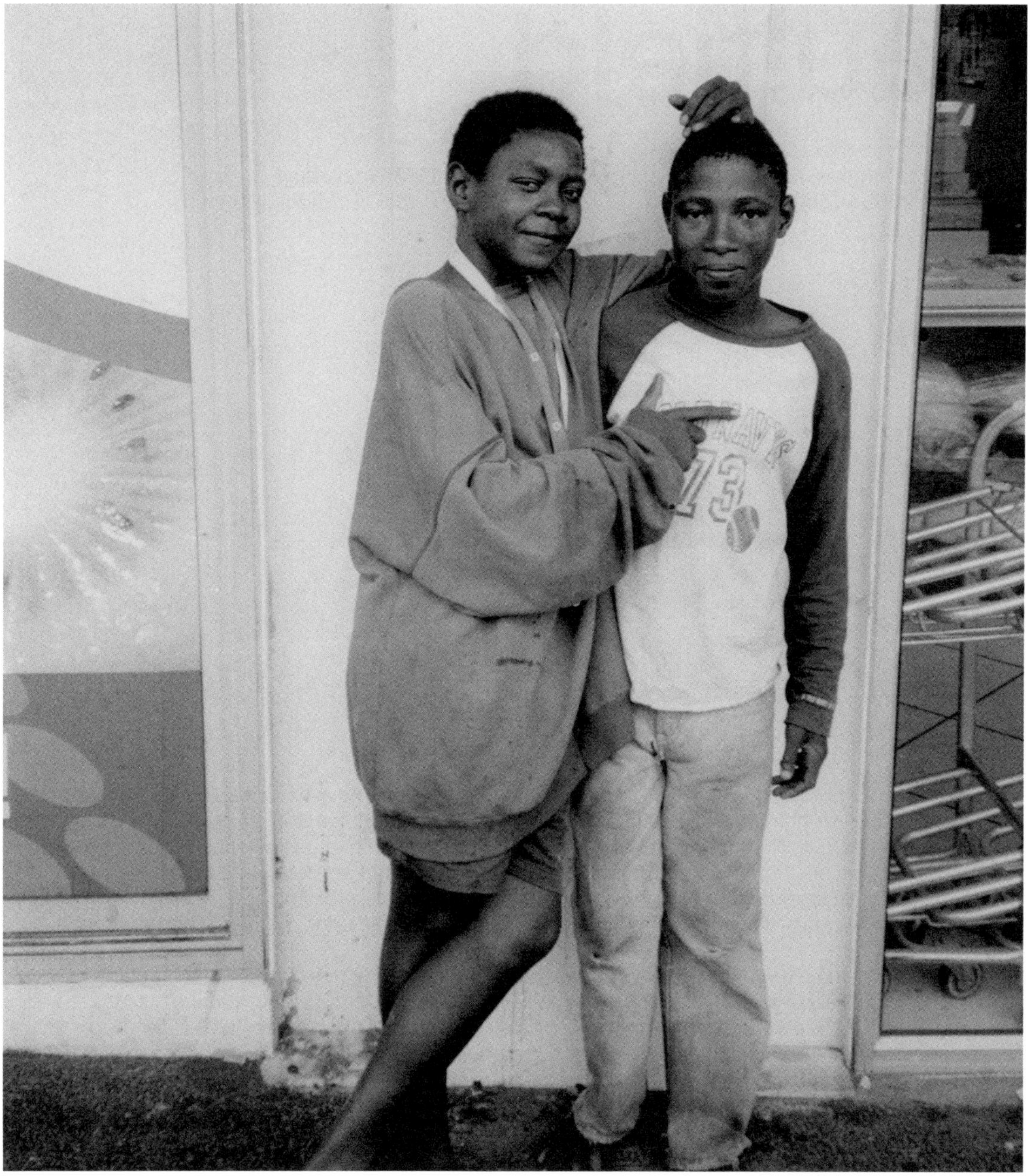

Patrick Caulfield

Né en 1936 à Londres, Angleterre
Décédé en 2005 à Londres, Angleterre

Born in 1936 in London, England
Died in 2005 in London, England

Peintre et graveur britannique, Patrick Caulfield compose ses œuvres avec des aplats de couleurs vives et des contours noirs. Ayant étudié dans les années 1960 au Royal College of Art, aux côtés d'artistes comme David Hockney ou Allen Jones qui s'opposent à l'expressionnisme abstrait américain, Patrick Caulfield se positionne en tant qu'artiste formel. Il emprunte son langage et ses lignes à la bande dessinée, se rapprochant ainsi du pop art. Si ses références à l'histoire de l'art sont fréquentes, il consacre sa pratique artistique aux objets simples de la vie quotidienne, ceux que l'art n'a jamais pris comme sujets.

I've Only the Friendship of Hotel Rooms [Je n'ai que l'amitié des chambres d'hôtel] (1973) est une sérigraphie qui accompagne le poème « Solo de lune », tiré des *Derniers vers* (1886) de Jules Laforgue. Elle est issue de la série *Some Poems of Jules Laforgue* [Quelques poèmes de Jules Laforgue], édition anglaise d'un recueil de douze poèmes accompagné d'un portfolio de vingt-deux sérigraphies de l'artiste publiée en 1973. Minimaliste, coloré, cadré méthodiquement avec une attention particulière à la lumière, cet ensemble est considéré par l'artiste comme un complément aux différents poèmes qui retranscrit l'état d'esprit de leur auteur lorsqu'il est en train d'écrire. Inspiré par Baudelaire, Verlaine et Mallarmé, Jules Laforgue est un poète français dont les vers sont empreints de mélancolie, de pessimisme et d'humour grinçant, s'opposant au romantisme de l'époque. Patrick Caulfield le perçoit comme un poète résolument moderne, en rupture avec son temps, qui manie avec art l'ironie de la vie quotidienne. En effet, l'existence du poète est ponctuée de pérégrinations. Il est voué à vagabonder, à errer çà et là, et à éprouver un profond ennui dans son quotidien. Chacun de ses poèmes révèle un sentiment permanent de tristesse, de solitude et d'isolement auquel Patrick Caulfield fait référence. L'artiste tente de retranscrire le déracinement du poète et l'ironie d'une chambre d'hôtel qui se révèle être son seul attachement, sa seule amie. ●ALB

Patrick Caulfield
I've Only the Friendship of Hotel Rooms
1973

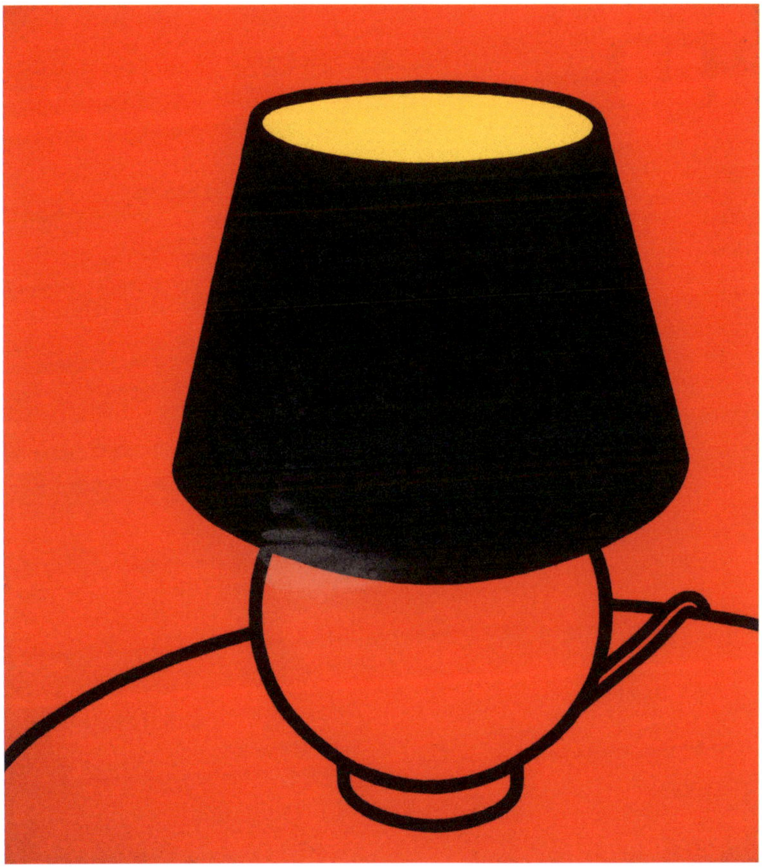

British painter and printmaker Patrick Caulfield typically used flat areas of bright colour surrounded by black outlines. His contemporaries at the Royal College of Art in the 1960s included David Hockney and Allen Jones, who both took a stance against American Abstract Expressionism. Caulfield saw himself as 'a "formal" artist'. His language and his line were those of comic books, which took him closer to Pop Art. Although he often referenced art history, he generally portrayed simple everyday objects that had never featured as subjects in art.

I've Only the Friendship of Hotel Rooms is a screenprint that accompanies the poem 'Solo de lune' [Lunar Solo] from Jules Laforgue's *Derniers Vers* [Last Verses] (1886). It is part of a series of 22 screenprints created for *Some Poems of Jules Laforgue*, an English limited edition book published in 1973 of twelve Laforgue poems translated by Patricia Terry. The prints are minimalist, colourful, methodically framed with particular attention to light. The artist saw them not as illustrations but as complementary images to the individual poems, reflecting the poet's state of mind as he wrote. Inspired by Baudelaire, Verlaine and Mallarmé, Laforgue was a French poet whose verses were imbued with melancholy, pessimism and a wry humour that was at odds with the romanticism of his time. Caulfield saw him as a resolutely modern poet who broke with his time and artfully handled the ironies of everyday life. The poet's existence was one of repeated peregrinations. He was doomed to wander, to roam from place to place, and to experience a profound sense of tedium in his daily life. Each of his poems reveals a perpetual mood of sadness, loneliness and isolation and it is this that Caulfield has evoked so tellingly. The artist sought to capture the poet's uprootedness and the irony of a hotel room being the only thing he was attached to, the only friend he had.

Jimmie Durham

Né en 1940 à Houston, États-Unis
Décédé en 2021 à Berlin, Allemagne

Born in 1940 in Houston, United States
Died in 2021 in Berlin, Germany

Jimmie Durham développe une pratique artistique en parallèle de son fort engagement en tant que militant politique pour le soutien des populations autochtones d'Amérique du Nord. Il intègre l'École des beaux-arts de Genève à l'âge de vingt-neuf ans avant de retourner à New York en 1973 pour devenir un membre actif de l'American Indian Movement (AIM). En 1980, il quitte ce mouvement de lutte pour les droits civiques des populations autochtones américaines pour se consacrer de nouveau à la création artistique.

Détournement et accumulation d'objets hétéroclites, sculpture, collage, dessin, poème, geste performatif sont autant d'éléments soulignant à quel point l'œuvre de Jimmie Durham est protéiforme. L'artiste s'intéresse particulièrement à la pierre et autres matériaux naturels associés à des objets manufacturés qui lui permettent de déconstruire un discours hiérarchisant de l'art. En effet, il se positionne contre toute forme de domination ou de pensée autoritaire et sa pratique artistique fait écho à son engagement personnel contre le colonialisme, le racisme, la ségrégation et le génocide.

Dans les années 1990, il quitte les États-Unis et s'installe en Europe, où il va être amené à vivre et travailler dans différentes villes et pays. Marqué par une existence itinérante, il s'intéresse à de nouveaux sujets comme l'architecture et s'immerge dans la culture et les modes de vie de chacun de ses nouveaux foyers. Réalisée à l'aide d'un tracé très simple, *Our House* [Notre maison] (2007) aborde la manière dont chacun·e gère son intimité et perçoit sa tranquillité. Accompagnée de textes qui éclaircissent la lecture de l'œuvre, sa gravure évoque des expériences personnelles et remet en question avec humour les rapports, parfois malmenés, que chacun·e peut entretenir avec son voisinage. ●ALB

Jimmie Durham
Our House
2007

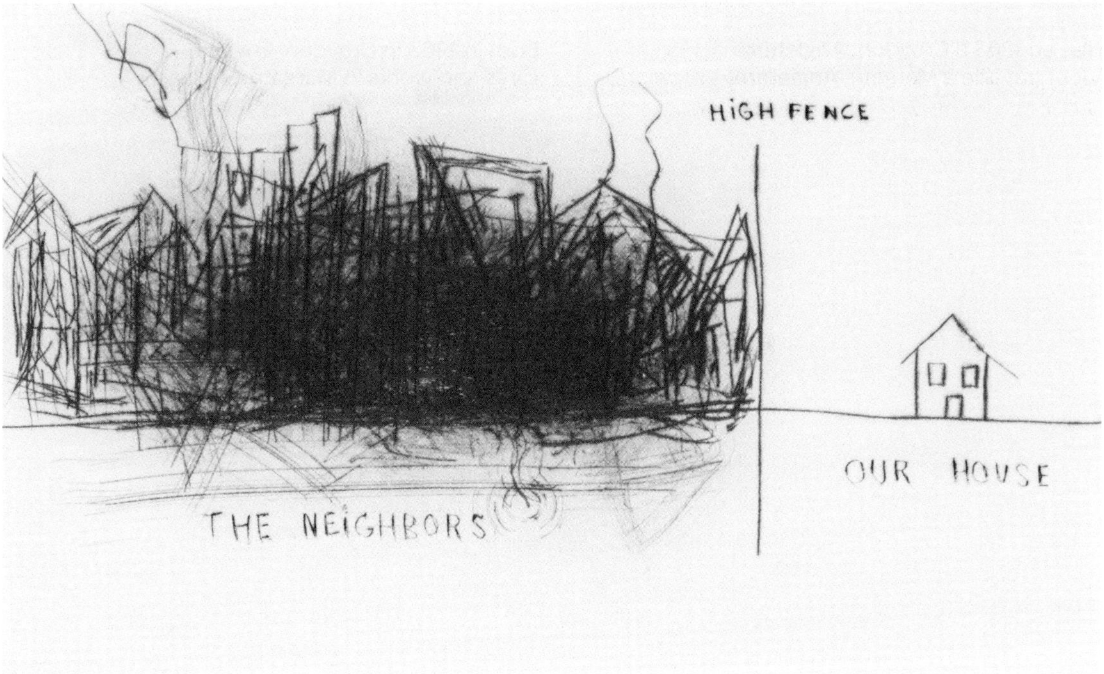

Jimmie Durham worked as an artist while maintaining a strong commitment to political activism in support of the indigenous peoples of North America. He enrolled at the School of Fine Arts, Geneva, at the age of twenty-nine before returning to New York in 1973 to become an active member of the American Indian Movement (AIM), a group fighting for the civil rights of Indigenous peoples. In 1980, he left the movement to devote himself once again to artistic creation.

Repurposing and accumulating heterogeneous objects, sculpture, collage, drawing, poems and performance all feature in Durham's multifaceted oeuvre. He was particularly interested in combining stone and other natural materials with manufactured objects; he saw this as way to deconstruct the hierarchies of artistic discourse. He was opposed to all forms of domination and authoritarian thinking, and his art echoed a personal commitment to opposing colonialism, racism, segregation and genocide.

In the 1990s, he left the United States and moved to Europe, where he lived and worked in various cities and countries. This nomadic existence led to an interest in new subjects such as architecture, and he immersed himself in the culture and lifestyles of each of his new settings. Drawn with an uncluttered line, *Our House* (2007) looks at how people manage their privacy and how they perceive their peace and quiet. Accompanying texts clarify the way the work is to be interpreted. The engraving evokes personal experiences and, with no lack of humour, calls into question the sometimes troubled relationship that people can have with their neighbours.

Tracey Emin 54

Née en 1963 à Croydon, Angleterre
Vit et travaille à Margate, Angleterre

Born in 1963 in Croydon, England
Lives and works in Margate, England

Dans sa démarche artistique, Tracey Emin associe dessin, sculpture, œuvres textiles, peinture et installations. Remarquée dans les années 1990, elle a été identifiée par les médias comme appartenant au groupe des Young British Artists. Tracey Emin demeure aujourd'hui l'une des créatrices britanniques les plus influentes. Elle est connue pour le registre intime et personnel de son travail, qui interpelle et désarme par sa franchise et sa clarté.

Ici, deux oiseaux perchés achèvent de délimiter un cœur avec la branche sur laquelle ils se sont posés, juste assez flexible pour les porter alors qu'ils s'étirent pour se toucher du bec. Le dessin expressif et tendre de l'artiste, empreint d'une intense émotion grâce à la fluidité de l'encre, nous fait ressentir la douceur de ces corps miniatures et de leurs mouvements à la fois subtils et véloces.

Birds 2012 [Oiseaux 2012] (2011) est l'une des affiches officielles commandées à des artistes contemporain·es à l'occasion des Jeux olympiques et paralympiques de Londres. Les trois croissants, semblables à des feuilles ou des plumes saisies dans leur chute, forment le logo dit « Agitos » des Jeux paralympiques. L'estampe, qui constitue l'essentiel de l'affiche, a été réalisée à l'aide d'un procédé lithographique. L'artiste utilise une pierre ou une plaque de métal pour imprimer sur une surface, en appliquant une substance grasse sur la zone d'impression afin de retenir l'encre. Tracey Emin a souvent recours à l'écriture dans ses œuvres, que ce soit sous forme de lettres découpées, cousues sur des couvertures, de cursives en néons ou de mentions manuscrites accompagnant des dessins. Avec son écriture inclinée, elle transmet ici un message d'admiration aux athlètes paralympiques à qui l'œuvre est dédiée : « Vous m'inspirez par votre détermination et je vous aime. »

Tracey Emin
Birds 2012
2011

55

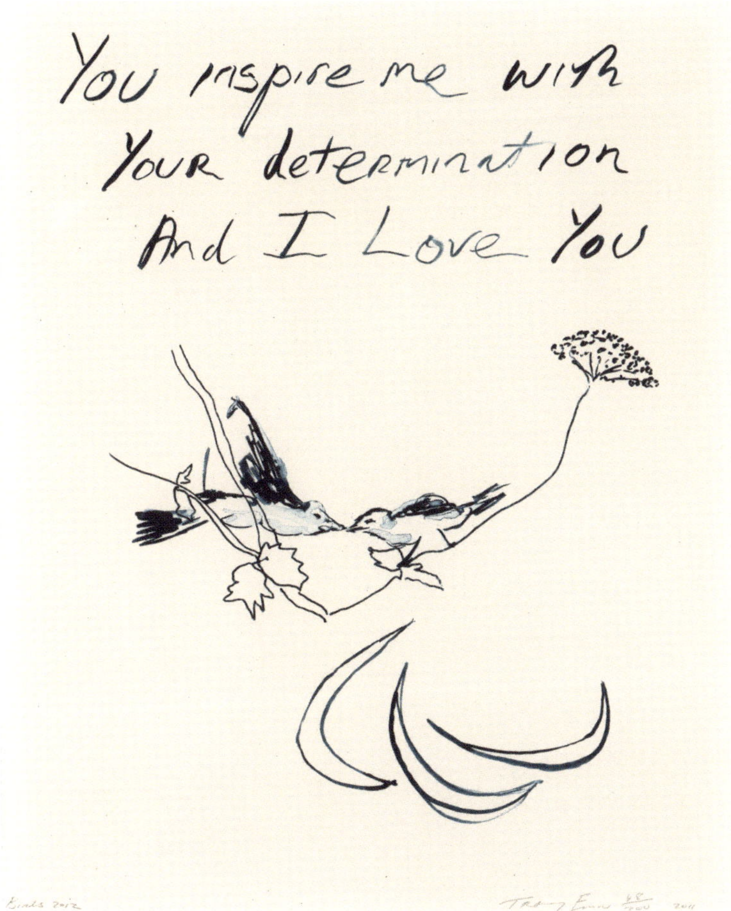

Tracey Emin's artistic practice incorporates drawing, sculpture, textiles, painting and installations. She rose to prominence in the 1990s and was identified as part of the cohort who became known as the Young British Artists in the media. Emin remains one of Britain's most influential practitioners. She is known for the intimate and personal register of her work, whose frankness and clarity is challenging and disarming in equal measure.

Here, two perching birds complete the heart-shape of their chosen branch, just buoyant enough to bear them as they stretch to touch beaks. The soft downiness of their minute forms and their quick, small movements can be felt through Emin's expressive, tender drawing, punctuated with emotional intensity through the fluid inkiness of the medium.

Birds 2012 (2011) was one of the official posters commissioned by contemporary artists to coincide with the Olympic and Paralympic Games in London. The trio of descending crescents, resembling falling leaves or shed feathers, forms the *Agitos* logo of the Paralympics. Emin's print, providing the basis of the poster image, was made using a lithographic process, where the artist uses a stone or metal plate to print onto a surface, treating the print image-area with a greasy substance to attract the ink. Emin often writes into her work, whether through cut-out letters sewn into blankets, neon cursive, or handwritten drawings. Here, her slanted script transmits her own direct message of admiration to the Paralympic athletes to whom the work is dedicated: 'You inspire me with your determination and I love you.' ●

Marie-Anita Gaube

Née en 1986 à La Garenne-Colombes, France
Vit et travaille à Tours, France

Born in 1986 in La Garenne-Colombes, France
Lives and works in Tours, France

Les peintures colorées de Marie-Anita Gaube plongent les spectateurs et les spectatrices dans des mondes imaginaires peuplés de personnages mystérieux, d'animaux primitifs, de paysages luxuriants et d'objets du quotidien. Inspirées par un séjour au Mexique, elles sont aussi riches en références, tant aux maîtres anciens qu'aux peintres modernes – des visions surnaturelles d'un Jérôme Bosch aux personnages translucides de Marc Desgrandchamps, dont l'artiste a découvert le travail lors de ses études à l'École nationale supérieure des beaux-arts de Lyon.

La Lutte amoureuse (2016) est inspirée des photographies de lutteurs sénégalais. Des lavis de couleurs contrastées se mêlent pour évoquer l'énergie physique, tout en tordant et entrelaçant les perspectives. Dans leur partie supérieure, les corps des lutteurs semblent fusionner, évoquant ainsi le caractère à la fois consensuel et combatif de la lutte. Le titre de l'œuvre souligne le respect mutuel et les affinités qui sous-tendent ce combat dynamique. Pour citer Marie-Anita Gaube, l'étreinte des lutteurs peut être perçue comme « l'expression d'un désir ou d'une répulsion, mais aussi comme la volonté de saisir l'autre dans toute sa complexité ».

Ce choc harmonieux se reflète dans la composition en diptyque de l'œuvre. Chaque personnage occupe une surface distincte, une césure illustrée par le léger décalage entre les deux compositions. Les sinueuses lignes jaunes reflètent les forces de poussée et de traction du combat des lutteurs et servent de toile de fond à d'autres motifs. Une balle semblable à une représentation miniature de la Terre sert également d'objet rituel. Placée sous les deux personnages, elle permet une autre interprétation du combat comme une performance ou une cérémonie entre deux amant·es.

Marie-Anita Gaube
La Lutte amoureuse
2016

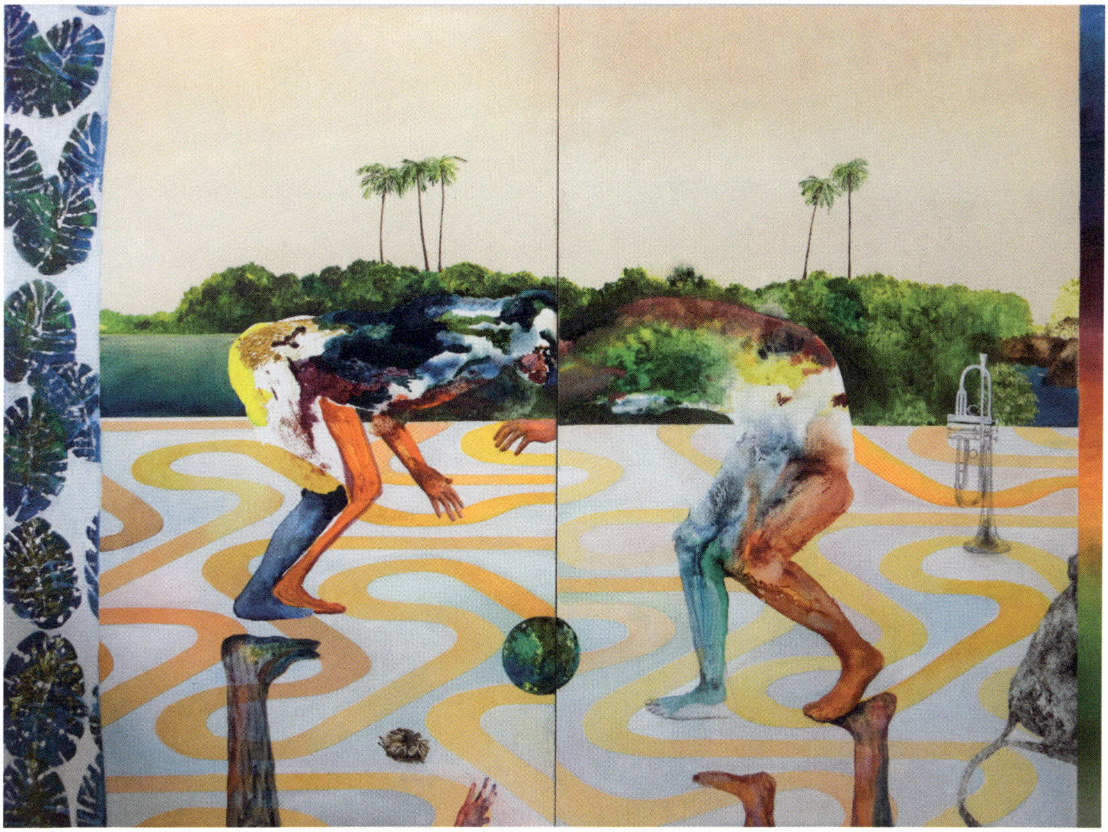

Marie-Anita Gaube's colourful paintings immerse viewers in imaginary worlds populated by mysterious figures, primitive animals, lush nature and everyday objects. Inspired by her time living in Mexico, they also contain various references to historical and modern painters, from the supernatural visions of Hieronymus Bosch to the translucent figures of Marc Desgrandchamps, whose work Gaube first encountered while studying at the École Nationale Supérieure des Beaux-Arts in Lyon.

The subject of *La Lutte amoureuse* [The Amorous Struggle] (2016) is based on photographs of Senegalese wrestlers. Merging washes of contrasting paint convey a sense of physical energy, writhing and intertwined frames. The wrestlers' upper bodies dissolve into one another; a fusion that evokes both the consensual and combative nature of wrestling. The title highlights the mutual respect and affinity underlying this energetic struggle. To quote Gaube, the fighters' embrace can be seen as 'an expression of desire or repulsion but also the will to grasp the other in their full complexity'.

The harmonious clash is mirrored in the diptych structure of the painting. Each figure occupies a separate surface; a schism made apparent by the slightly higher placement of the canvas on the right. Sinuous yellow lines mirror the push-and-pull momentum of wrestling and form the backdrop for other motifs. A ball resembling a miniature vision of the earth doubles as a ritualistic object. Placed beneath the two figures, its presence offers an alternative interpretation of the fight as a performance or ceremony between two lovers. ●MP

Lola Gonzàlez

Née en 1988 à Angoulême, France
Vit et travaille à Lisle, France

Born in 1988 in Angoulême, France
Lives and works in Lisle, France

Diplômée de l'École nationale supérieure des beaux-arts de Lyon en 2012, Lola Gonzàlez est une artiste dont la pratique artistique reflète un travail collectif entre ami·es, celles et ceux avec qui elle partage son quotidien, et l'envie de réaliser des projets. Pour elle, l'art est le prétexte de « faire des choses ensemble ». L'artiste choisit de rassembler ses proches autour d'idées et de visions partagées qui se traduisent en de courtes vidéos. Depuis 2022, elle est à l'initiative, avec Malak Maatoug, du projet « La maison dans laquelle », un ancien théâtre-cinéma des années 1950 converti en lieu communautaire à vocation culturelle, pédagogique et sociale à Lisle, en Dordogne.

Dans ses récents films *Le Langage et l'amitié, essai n°1* (2018), *Yuyan & Dédé* (2019) et *Anouk & Lola* (2020), Lola Gonzàlez met en scène sa famille et ses ami·es autour de scénarios qui ont le même point de départ, celui d'une conversation dont la langue est entièrement inventée. L'artiste explore le langage comme un espace de jeu, puisque n'importe qui peut parler une langue imaginaire. Les dialogues reposent entièrement sur l'improvisation, les paroles étant de simples baragouinages ou charabias, rappelant ceux de l'enfance. Chacune des vidéos est filmée en une seule prise, laissant place à l'authenticité de l'interprétation de ses proches avec qui elle joue parfois son propre rôle. L'artiste visionne ensuite les images filmées et vient sous-titrer les scènes. De cette manière, elle choisit la traduction de l'échange verbal et en complexifie la narration. L'artiste « manipule » les images, ce qui semble d'ailleurs lui être reproché par sa sœur dans la vidéo *Anouk & Lola*.

Lola Gonzàlez travaille à l'instinct et expérimente la relation à l'autre en mettant en avant l'énergie et la spontanéité des gens qu'elle aime. Elle modifie le rapport à l'interprétation, faisant de ses ami·es de véritables complices à l'écran. L'amitié qui transparaît dans ses œuvres, qu'elle soit générationnelle ou intergénérationnelle, témoigne d'une véritable solidarité et du pouvoir d'être ensemble, ce qu'incarne son projet « La maison dans laquelle ». ●ML

Lola Gonzàlez
Le Langage et l'amitié, essai n°1
2018

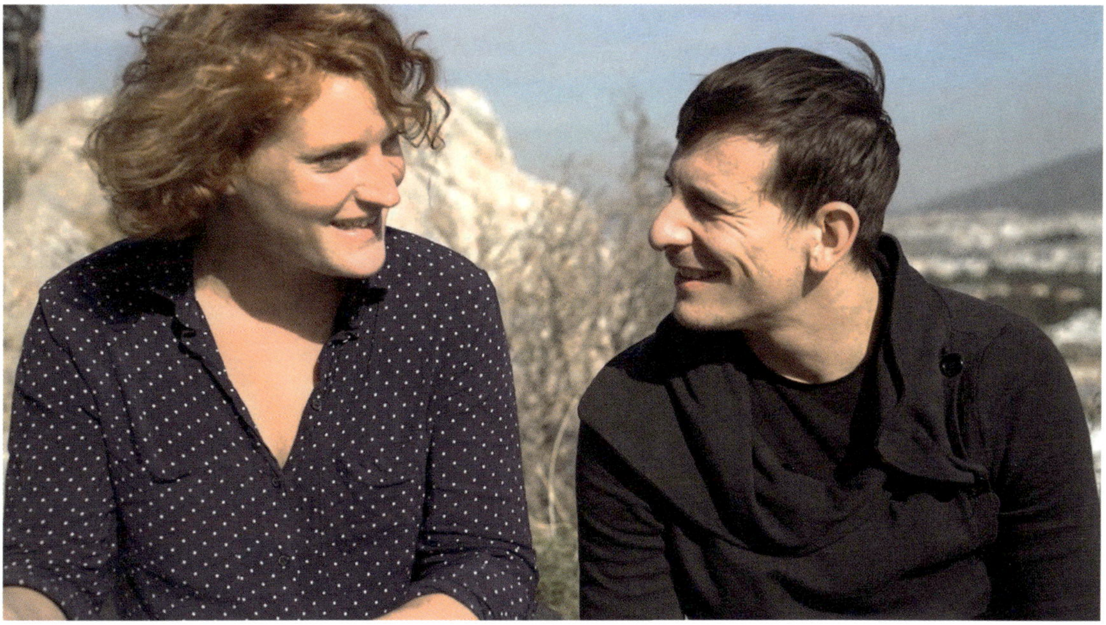

A graduate of the École Nationale Supérieure des Beaux-Arts de Lyon in 2012, Lola Gonzàlez is an artist whose practice reflects collective work amongst friends with whom she shares her daily life and a desire to create projects. For her, art is a pretext for 'doing things together'. Her *modus operandi* is to gather friends and family around shared ideas and visions, which are then translated into short videos. Since 2022, along with Malak Maatoug, she has been the driving force behind the 'La maison dans laquelle' project. It is a former 1950s theatre-cinema in Lisle, in the Dordogne department, that has been converted into a community space with a cultural, educational and social mission.

In her recent films *Le Langage et l'amitié, essai n°1* [Language and Friendship, 1st attempt] (2018), *Yuyan & Dédé* (2019) and *Anouk & Lola*, (2020), Gonzàlez presents her family and friends in scenarios that have the same starting point, a conversation in which the language is entirely invented. The artist explores language as a space of play, since anyone can speak an imaginary language. The dialogues are entirely improvised; the utterances are pure gibberish, reminiscent of the chatter of infants and toddlers. Each of the videos is filmed in a single take, thus emphasising the authenticity of the performances of her friends and family, with Gonzàlez sometimes playing herself. She then views the filmed images and adds subtitles to the scenes. In this way, she decides how to translate the verbal exchanges, and adds complexity to the narrative. The artist 'manipulates' the images, something that her sister seems to criticise her for in the video *Anouk & Lola*.

Gonzàlez works instinctively, experimenting with relationships by highlighting the energy and spontaneity of the people she is close to. By turning her friends into genuine screen partners, she modifies the relationship to acting. The friendship that shines through in her work, whether generational or inter-generational, testifies genuine solidarity and the strength that comes from working together, as embodied in her project 'La maison dans laquelle' ['The house in which'].

Lola Gonzàlez
Yuyan & Dédé
2019

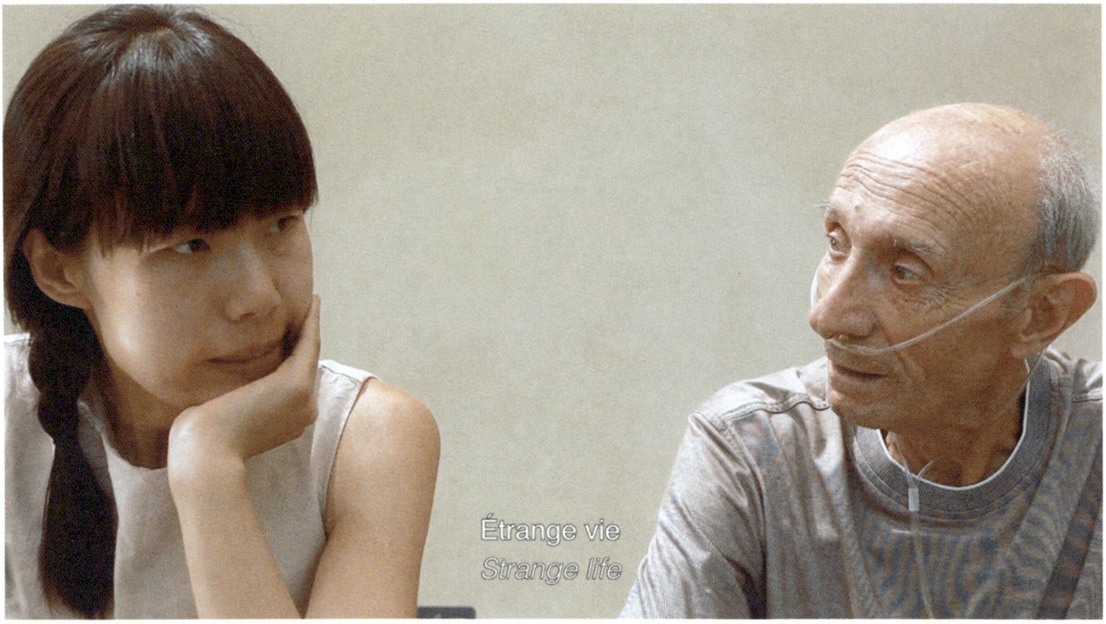

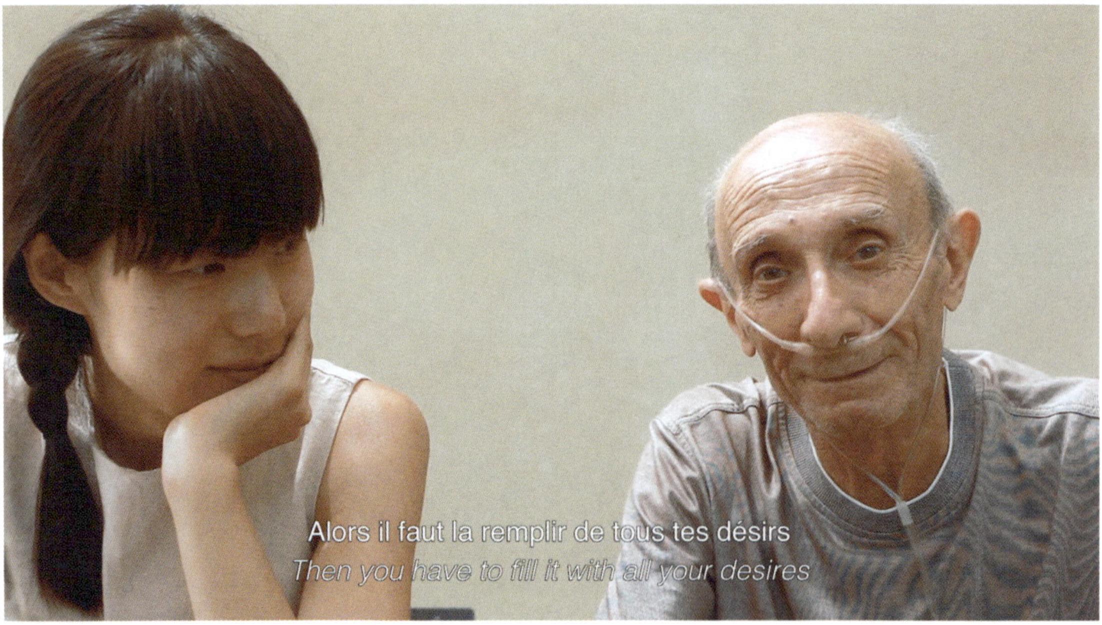

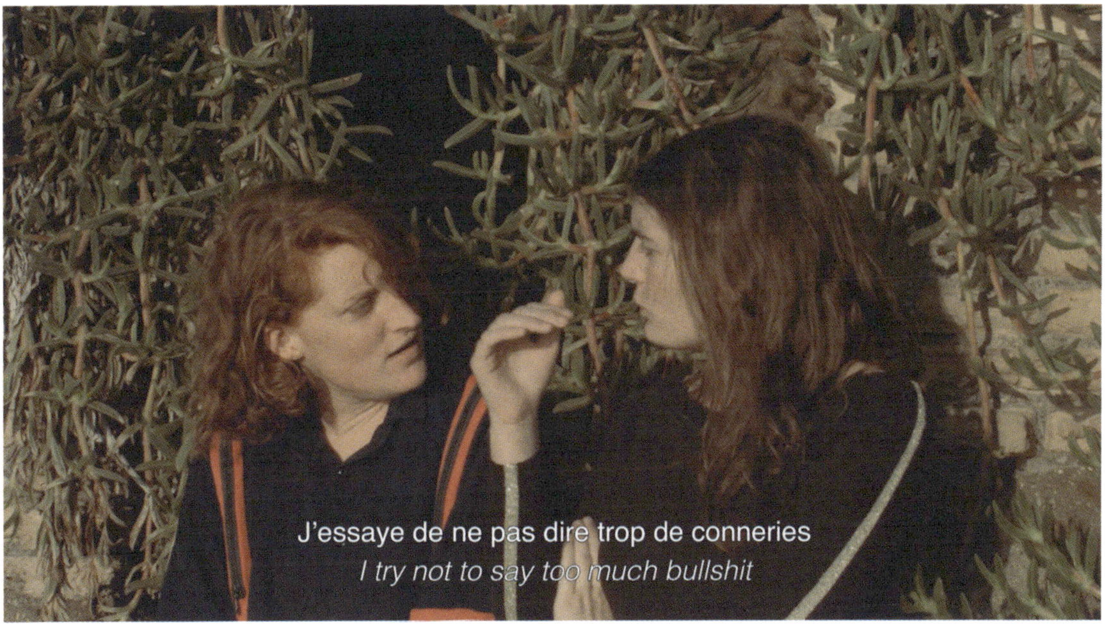
J'essaye de ne pas dire trop de conneries
I try not to say too much bullshit

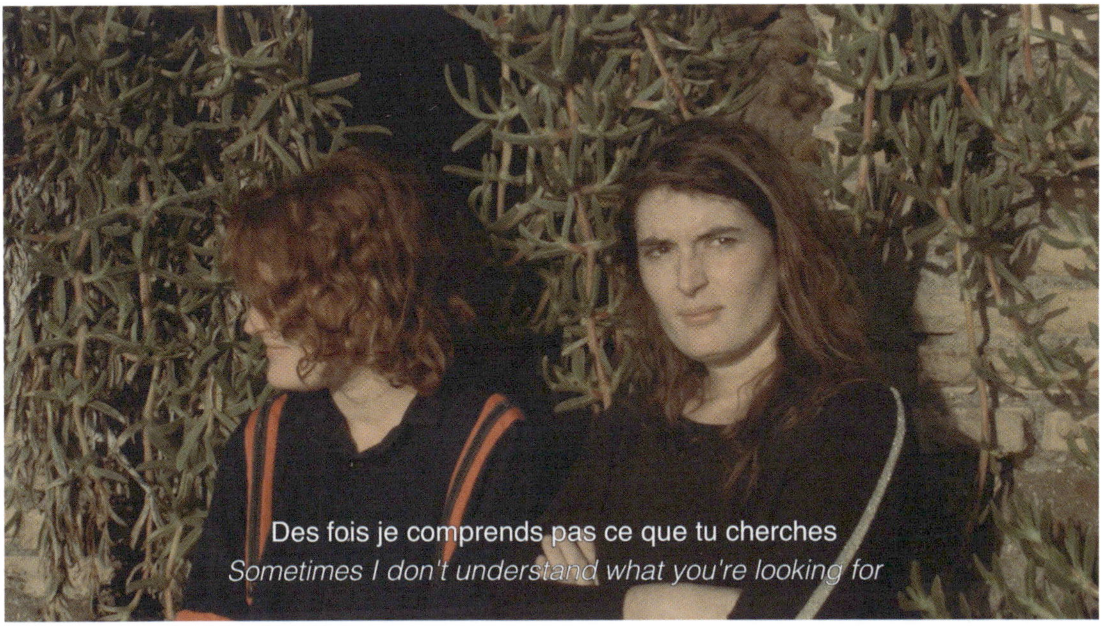
Des fois je comprends pas ce que tu cherches
Sometimes I don't understand what you're looking for

Emma Hart 62

Née en 1974 à Londres, Angleterre
Vit et travaille à Londres, Angleterre

Born in 1974 in London, England
Lives and works in London, England

Emma Hart réalise des sculptures audacieuses et colorées dans lesquelles elle expérimente les limites et les fonctions de l'argile. S'éloignant des modes d'exposition habituels pour des formes tridimensionnelles, les sculptures d'Emma Hart semblent surgir des murs, allant délibérément au-devant du·de la spectateur·rice et bousculant les idées traditionnelles sur la manière de voir des œuvres dans un cadre institutionnel.

Pepsi and Shirley (2017) prend la forme d'une antenne parabolique en céramique émaillée où le récepteur, en l'occurrence une canette de Pepsi, est présenté emboîté dans une armature en acier en forme de main. La parabole est peinte aux couleurs rouge, blanc et bleu de cette marque de boissons pétillantes, le motif prenant la forme d'une bouche béante dont la glotte est visible. La forme rappelle aussi le dessus d'une canette ouverte. Le titre de l'œuvre fait quant à lui référence au duo pop britannique Pepsi & Shirlie, toutes deux s'étant d'abord produites en tant que choristes au sein du groupe Wham !, avant d'entamer une carrière en solo au milieu des années 1980 jusqu'au début des années 1990. Ces jeux de mots visuels posent, sur un mode humoristique, des questions relatives à l'amitié et à la classe sociale – dynamique individuelle contre dynamique de groupe, établissement et maintien de relations au-delà et à l'intérieur des frontières de classe, dépassement des différences culturelles, économiques et matérielles – ainsi que sur les notions d'authenticité et d'identité.

Emma Hart déclare : « Si vous êtes d'origine ouvrière et que vous essayez de devenir quelqu'un dans le milieu artistique de la classe moyenne, il est plus que probable que vous vous sentiez partagé, scindé entre le monde dans lequel vous avez grandi et l'univers opaque de l'art dans lequel vous venez d'entrer. La façon dont vous parlez témoigne de votre histoire et de votre éducation, et vous trahit probablement[1]. » L'exubérance de *Pepsi and Shirley* fait irruption sur le mur du musée. En adoptant la forme d'une antenne parabolique qui permet d'assister chez soi à des émissions publiques, Emma Hart met en évidence la tension entre sphère sociale et sphère privée et le rôle joué par la société, l'amitié et la parole dans la formation d'identités multiples et souvent concurrentes.

1. Emma Hart, dans The Sunday Painter, 2023 (thesundaypainter.co.uk/artists/44-emma-hart/overview/) consulté le 8 janvier 2024.

Emma Hart
Pepsi and Shirley
2017

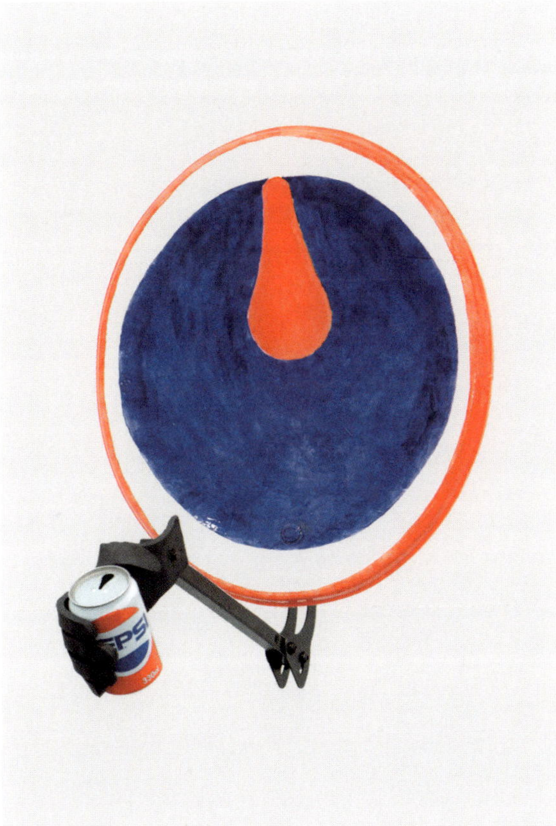

Emma Hart makes bold, colourful sculptures that test the limits and function of clay. Moving away from traditional display methods for three-dimensional forms, Hart's sculptures jut out from the walls, deliberately confronting the viewer and disrupting the common preconceptions of viewing work in institutional settings.

Pepsi and Shirley (2017) is a glazed ceramic satellite with a Pepsi drink can clasped in the hand of a steel armature. The face of the satellite dish is painted in the colours of the fizzy drinks brand – red, white and blue – which form the image of an open mouth with the red larynx visible. The shape of the mouth and larynx mirror the opening of the drinks can. The title of the work also alludes to the British pop duo Pepsi & Shirlie, who first performed as backing singers in the band Wham! and subsequently on their own in the mid-1980s and early-90s. This humorous visual pun expresses a variety of issues relating to friendship and class; individual versus group dynamic, forging and sustaining relationships beyond and within class boundaries whilst traversing cultural, economic and material differences and notions of authenticity and identity.

Hart states 'if you come from a working-class background and are trying to be somebody in this middle class art world then you are more than likely to also feel split. Split between the world you grew up in, and the opaque art world you've entered. The way you speak holds your history and upbringing – your mouth gives you away.'[1] Protruding from a gallery wall, the exuberance of *Pepsi and Shirley* is conspicuous. By taking the form of a domestic satellite dish, a device used to privately receive public broadcasts, Hart makes clear the tension between the public and private spheres and the roles played by society, friendship and speech in forming multiple, often competing identities. ●LM

1. Emma Hart, quotation from The Sunday Painter website, 2023 (thesundaypainter.co.uk/artists/44-emma-hart/overview/) consulted 8 January 2024.

Lubaina Himid

Née en 1954 à Zanzibar, Tanzanie
Vit et travaille à Preston, Angleterre

Born in 1954 in Zanzibar, Tanzania
Lives and works in Preston, England

Lubaina Himid a développé une approche artistique multidisciplinaire où elle pratique la peinture, le dessin, l'installation, la gravure et le commissariat d'expositions. Elle a étudié la scénographie de théâtre et est devenue l'une des fondatrices du British Black Arts Movement dans les années 1980. Elle est aujourd'hui l'une des artistes britanniques les plus saluées par la critique et a remporté le prix Turner en 2017.

Dans *Have Courage in The Crisis Set Yourself Free* [Ayez du courage dans la crise, libérez-vous] (2016), un bateau rouge vide flotte sur une mer houleuse, avec en arrière-plan des nuages sombres, inquiétants, et des falaises grises. Le motif rouge et blanc qui encadre l'image centrale rappelle les tissus *kanga* d'Afrique de l'Est, portés notamment comme foulards, jupes ou porte-bébés, et souvent ornés d'une bordure à motifs assortie d'un slogan ou d'un proverbe. Cette peinture fait partie d'un ensemble de travaux réalisés par Lubaina Himid sur les *kangas*, que l'artiste qualifie de « vêtements parlants », en soulignant leur « discours visuel, fait de motifs et de textes à travers lesquels la tenue d'une femme dialogue avec celle des autres[1] ».

Dans le contexte de la crise internationale des réfugié·es et du climat politique actuel, l'absence apparente de passager·ères sur le bateau a quelque chose d'obsédant. Sur fond d'océan tempétueux, le titre de l'œuvre est un appel à la solidarité qui résonne en nous et nous pousse à l'action.

1. Lubaina Himid, « Influences », *Frieze*, janvier 2017 (www.frieze.com/article/influences-lubaina-himid).

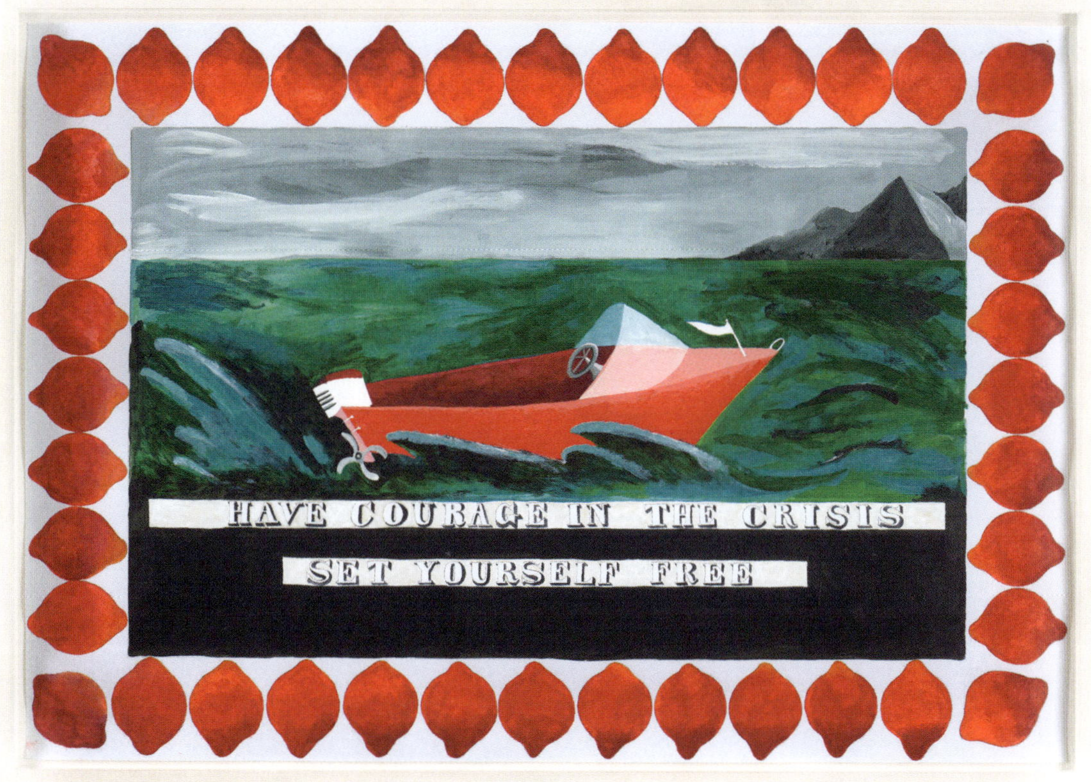

Lubaina Himid's multidisciplinary practice includes painting, drawing, installation, printmaking and curating. She studied theatre design, and went on to become a foundational figure in the British Black Arts Movement in the 1980s. Himid won the Turner Prize in 2017, and is currently one of the most critically acclaimed living British artists.

In *Have Courage in The Crisis Set Yourself Free* (2016), an empty red boat floats on a stormy sea, with ominous dark clouds and grey cliffs looming in the background. The red and white pattern framing the central image recalls East African *kanga* fabric, typically worn in a variety of ways including as a head scarf, skirt or baby carrier and often bearing a patterned border and slogan or proverb. This painting is from an ongoing body of work by Himid engaging with *kangas*, which the artist calls 'speaking clothes,' remarking on their 'language of image, pattern and text through which one woman's outfit talks to another's.' [1]

The boat's apparent absence of passengers is haunting in the context of the ongoing international refugee crisis and prevailing political climate. Emblazoned amid the ocean's tempest are the words of the work's title, forming a cry of solidarity and a clarion call to action. ●LM

1. Lubaina Himid, 'Influences', *Frieze*, January 2017 (www.frieze.com/article/influences-lubaina-himid).

Géraldine Kosiak

Née en 1969 à Lons-le-Saunier, France
Vit et travaille à Lyon, France

Born in 1969 in Lons-le-Saunier, France
Lives and works in Lyon, France

Artiste et écrivaine, Géraldine Kosiak s'intéresse aux choses, aux souvenirs, à la vie des gens et aux objets collectionnés. Ces « choses », à la charge émotionnelle forte ou anodine, retranscrivent des vécus pluriels. Elles sont le reflet d'expériences de vie et de mémoires. Les œuvres de Géraldine Kosiak, d'une grande sensibilité, prennent la forme de livres, de dessins, de peintures, et plus récemment de tapisseries. Elles sont souvent racontées par de courts textes que l'artiste écrit pour renforcer la puissance de leurs images.

Mon cher, ma chère (2023-2024) est une série de reliques d'amitié, sous forme de peinture et de broderies. Dans cet ensemble inédit, l'artiste rend hommage aux parcours de vie de cinq artistes singulière·s issu·es de plusieurs générations – Sophie Taeuber-Arp (1889-1943), Claude Cahun (1894-1954), Meret Oppenheim (1913-1985), Valentine Schlegel (1925-2021) et Moki Cherry (1943-2009).

D'une certaine manière, chacun·e de ces artistes a vécu en marge de la société. Dédiant leur vie à l'art, iels sont devenu·es de grand·es artistes par l'originalité et l'exemplarité de leur travail, mais aussi grâce aux amitiés fortes qu'iels ont su entretenir. Géraldine Kosiak salue leur courage et leur résistance face à des époques semblant moins visionnaires que ces artistes ne pouvaient l'être. En leur écrivant des lettres, elle leur livre son admiration. La singularité de son témoignage pour ces artistes est une véritable déclaration d'amitié pour celles et ceux avec qui elle se sent complice. ●ML

Géraldine Kosiak
Organic Music, un dragon, une communauté
2024

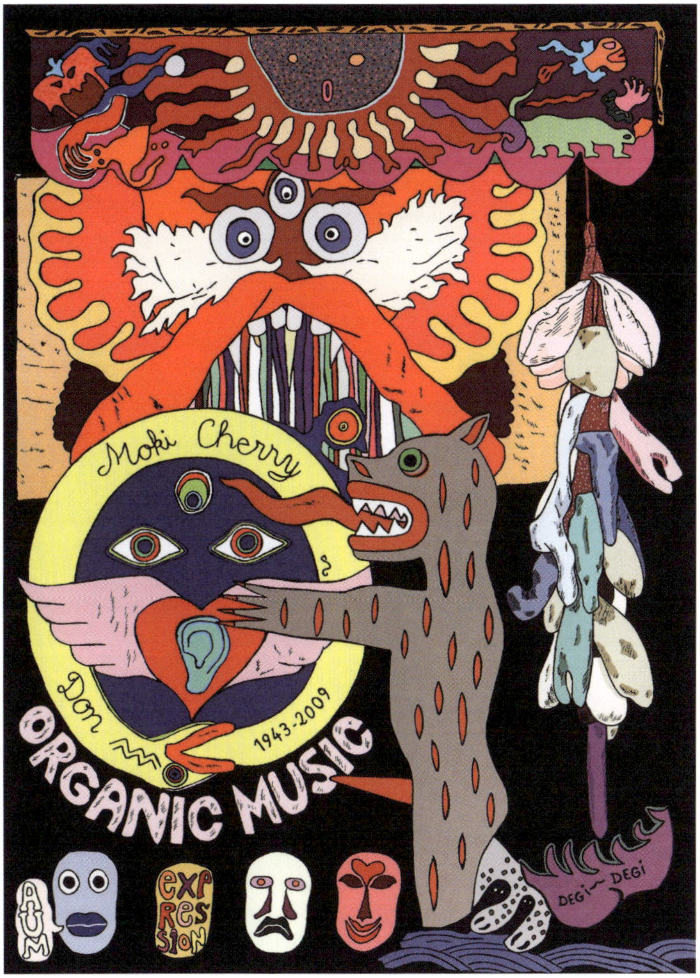

Artist and writer Géraldine Kosiak is interested in 'things', memories, people's lives and collected objects. These 'things', which may have a powerful or an insignificant emotional charge, encapsulate a wide range of experiences. They are a reflection of personal events and memories. Kosiak's highly sensitive works come in the form of books, drawings, paintings and, more recently, tapestries. Their narrative is often expressed in short texts written by the artist to reinforce the power of the images.

Mon cher, ma chère [My dear fellows] (2023-2024) is a series of relics of friendship, comprising painting and embroidery. In this highly unusual body of work, the artist pays tribute to the lives of five singular artists from different generations – Sophie Taeuber-Arp (1889-1943), Claude Cahun (1894-1954), Meret Oppenheim (1913-1985), Valentine Schlegel (1925-2021) and Moki Cherry (1943-2009).

In a certain sense, each of these artists lived on the fringes of society. Devoting their lives to art, they became great artists through the originality and the inspirational nature of their work, but also thanks to the close friendships they forged. Kosiak salutes their courage and resilience as they confronted times that seemed less visionary than this artists were capable of being. In writing letters to them, she reveals her admiration for the group as a whole. The originality of her account is a declaration of friendship towards these artists, who she sees as kindred spirits.

Delaine Le Bas

Née en 1965 à Worthing, Angleterre
Vit et travaille à Worthing, Angleterre

Born in 1965 in Worthing, England
Lives and works in Worthing, England

Delaine Le Bas est une artiste pluridisciplinaire qui pratique, entre autres, la broderie, la peinture, la sculpture et la performance. Dans son travail, elle aborde des thèmes comme la nation, le genre et la matérialité. Elle a collaboré avec son mari, Damian Le Bas (1963-2017), aujourd'hui décédé, pour créer des œuvres inspirées par leur héritage et leur appartenance à la communauté Romani (Rom).

Le titre *What We Don't Know Won't Hurt Us? (Self Portrait)* [Ce que nous ignorons ne peut pas nous blesser ? (Autoportrait)] (2006-2018) pose une question amenant à plusieurs interprétations, marquées par la recherche, le dépassement ou la conscience du danger. L'étrange autoportrait est doté d'une tête de créature, avec les oreilles dressées au garde-à-vous, de grands yeux et des sourcils anthropomorphes en croissant de lune. Les épaules étroites sont matérialisées par un cintre, tandis que de longs rubans tombant en cascade sur le sol font office de membres qui tressaillent en réaction aux mouvements environnants. Cette sculpture-vêtement évoque un moi susceptible d'être aboli, expérimenté, modifié ou embelli ; jamais complètement « aboutie », cette figure semble flotter et se transformer elle-même.

Sur la pièce de tissu centrale, Delaine Le Bas a élaboré une composition qui prend vie grâce à diverses broderies, paillettes et pièces de tissu. Un squelette animé, annonçant une série de crânes réalisés avec du fil, apparaît dans un décor pastoral animé par des pois de senteur aux couleurs printanières. Un lapin blanc et une figurine allongée en robe verte à motifs de primevères occupent la partie droite de la scène, tandis que des silhouettes d'agneaux découpées dans un tissu à pois bondissent au premier plan. Dans l'arc surmontant cette nature luxuriante se déploie, cousue en points roses, la question problématique et sans réponse qui est au cœur de l'œuvre.

Dans cet autoportrait, l'artiste emboîte les histoires les unes dans les autres, réunissant de nombreux récits potentiels. Elle déclare que sa pratique « s'apparente à une narration, mais comme il n'existe pas de culture rom écrite, peut-être en est-elle un équivalent visuel, un récit fait d'histoires visuelles[1] ».

1. Interview avec Nathaniel Hepburn dans la maison de Delaine Le Bas à Worthing, 20 janvier 2006.

Delaine Le Bas
What We Don't Know Won't Hurt Us? (Self Portrait)
2006-2018

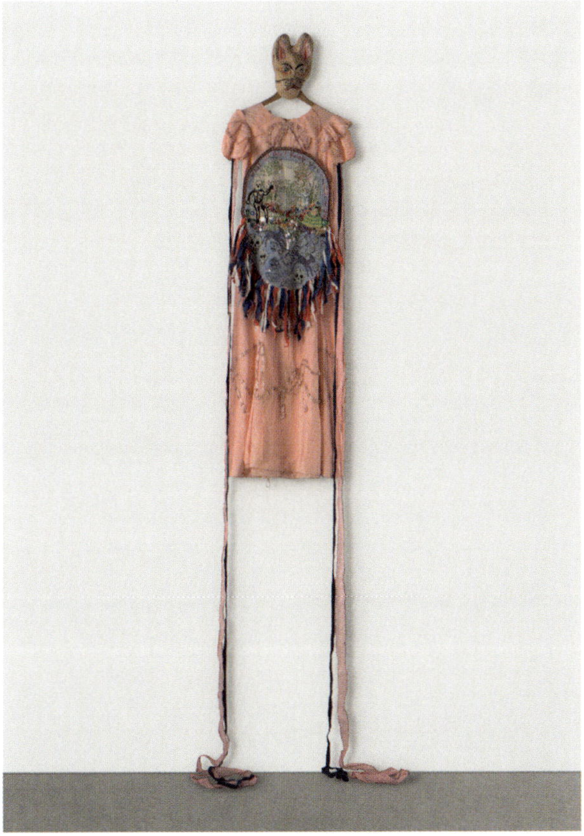

Delaine Le Bas is a multi-disciplinary artist who works with embroidery, painting, sculpture, and performance, amongst other media. Her work engages with subjects including nationhood, gender, and materiality. Le Bas collaborated with her husband, the late Damian Le Bas (1963-2017), to create works informed by their heritage and lived experiences of belonging to the Romani community.

The title *What We Don't Know Won't Hurt Us? (Self Portrait)* (2006-2018) is a question with a number of possible inflections: searching, subversive, or attuned to danger. The self portrait's uncanny figure bears the head of a creature – ears pricked to attention – with wide eyes and arched, anthropomorphic brows. A clothes-hanger provides narrow shoulders, while long ribbons cascade to the floor as limbs, shivering in response to nearby movement. The sculpture-garment suggests a self that can be pulled out, tried on, altered and embellished; never completely 'finished', its presence seeming to flutter and transform of its own accord.

In the central panel, Le Bas presents imagery coming to life through embroidery, sequins, and fabric trimmings. An animated skeleton – the first among a throng of skulls drawn in thread – appears in a pastoral setting filled with the sweet pea colours of spring. A white rabbit and a reclining figure in green and primrose dress inhabit the right-hand part of the scene, while lambs silhouetted in polka dots leap from the foreground. Amid nature's blossoming, snaking across the panel's upper arc, is the uneasy, unanswered question at the heart of the work, articulated in pink stitches.

In this self portrait, Le Bas folds stories into stories, drawing together many possible narratives. She has reflected that her practice is 'like storytelling, but there isn't a written Romani culture, then maybe mine is the visual equivalent of that, mine is visual storytelling[1].' ●

1. Interview with Nathaniel Hepburn and Delaine Le Bas at the artist's house in Worthing, 20 January 2006.

Markéta Luskačová

70

Née en 1944 à Prague, République tchèque
(à l'époque en Tchécoslovaquie)
Vit et travaille à Londres, Angleterre

Born in 1944 in Prague, Czech Republic
(then known as Czechoslovakia)
Lives and works in London, England

Photographe d'origine tchèque établie en Angleterre, Markéta Luskačová axe son travail sur différentes communautés, individus, lieux et traditions. Pendant ses études de sociologie à l'Université Charles de Prague entre 1961 et 1967, l'artiste voyage en Slovaquie et fait la connaissance de pèlerin·es se rendant à la basilique de Mariánska hora (colline mariale), au-dessus de la ville de Levoča. Forte de cette expérience, elle décide de photographier les fidèles rassemblé·es pour des célébrations chrétiennes dans des sites religieux slovaques. Après ses études de sociologie, elle entreprend un troisième cycle en photographie à la faculté de cinéma et de télévision de l'Académie des arts de la scène de Prague (FAMU), puis se lance dans une carrière indépendante en 1968. Exclusivement en noir et blanc, le grain des photographies de Markéta Luskačová fait écho à son désir d'immortaliser des communautés et des coutumes souvent sur le point de changer.

Children in Playground I, Liverpool [Enfants à la récréation I, Liverpool] (1988), *Children in Playground II, London* [Enfants à la récréation II, Londres] (1988) et *Children in Playground IV, London* [Enfants à la récréation IV, Londres] (1988) sont tous des clichés issus de la série *Citizen 2000* [Citoyen 2000] (1986-2000). Celle-ci accompagnait un documentaire de la chaîne de télévision Channel 4, consacré à un groupe de bébés suivis de leur naissance en Grande-Bretagne, en 1982, jusqu'à la fin du siècle. Les photographies de Markéta Luskačová nous montrent ces enfants pendant leur temps libre. Dans *Children in Playground IV, London*, quatre écolières courent en se tenant par leur gilet, comme pour former une chaîne semblable à une guirlande de fleurs. *Children in Playground I, Liverpool* est un instantané teinté d'humour où deux gamins étirent leur pull sur leur tête, alors que dans *Children in Playground II, London*, un groupe de garçons est rassemblé autour de deux enfants que l'on voit s'enlacer, sans doute dans un geste de réconciliation. En photographiant ces moments dédiés au jeu, Markéta Luskačová met en lumière la manière dont les enfants constituent des groupes et cultivent leurs liens d'amitié.

Markéta Luskačová
Children in Playground IV, London
1988

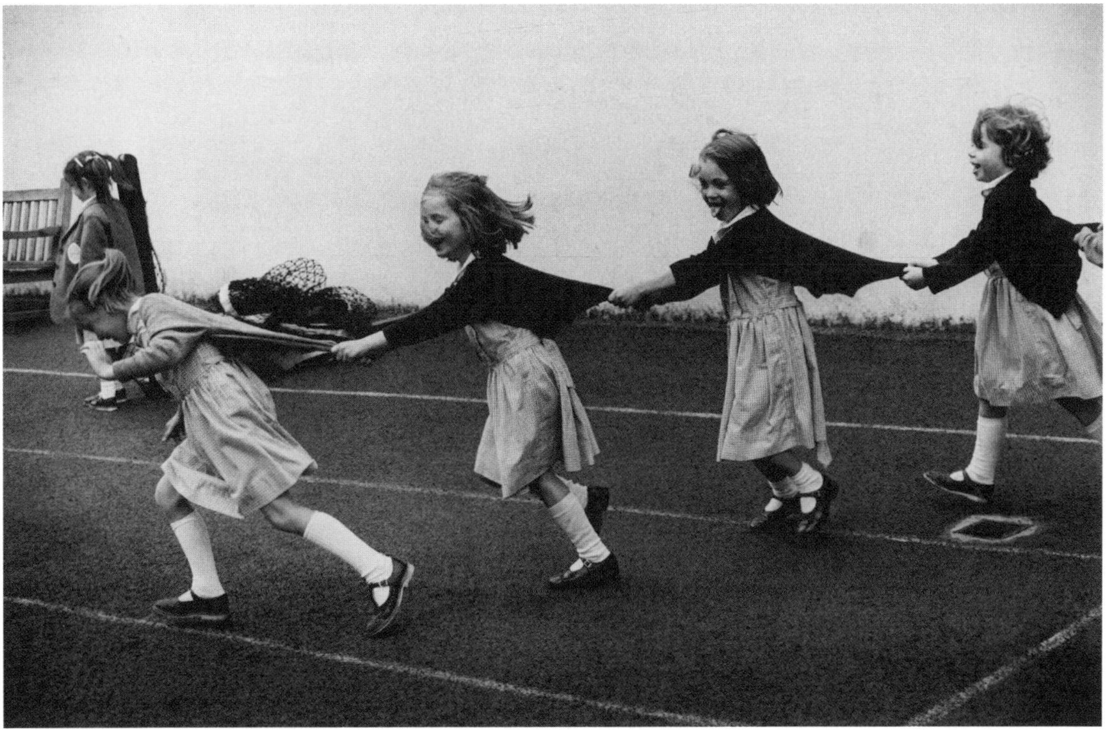

Markéta Luskačová is a UK-based photographer whose practice focuses on communities, people, places and traditions. Whilst studying Sociology at Charles University in Prague between 1961 and 1967, Luskačová travelled to Slovakia and encountered a group of pilgrims travelling to Mariánska Hora (Marian Hill) in the town of Levoča. Based on this experience, Luskačová decided to photograph pilgrims at Christian festivals taking place at religious sites across Slovakia. After graduating, Luskačová undertook a postgraduate course in Photography at the The Film and TV School of the Academy of Performing Arts in Prague (FAMU) and began a freelance career in 1968. Photographing exclusively in black-and-white, Luskačová's images have a grainy appearance that is evocative of her desire to capture communities and customs that are often on the cusp of change.

Children in Playground I, Liverpool (1988), *Children in Playground II*, London (1988), and *Children in Playground IV, London* (1988) are all taken from Luskačová's series, *Citizen 2000* (1986-2000). The project accompanied a Channel 4 documentary of the same name that followed a group of babies who were born in Britain in 1982 up until the turn of the Millennium. Luskačová's photographs capture the children in their leisure time. *Children in Playground IV, London* shows a group of four schoolgirls running, holding one another by their clothing in a daisy chain. *Children in Playground II, London* is a humorous scene depicting two small boys with their jumpers over their heads, whilst in *Children in Playground I, Liverpool,* a group of boys gather round two children who are seen embracing one another, perhaps in a reconciliatory gesture of kinship. By photographing moments of play, Luskačová sheds light on the ways in which children build communities and nurture friendships. ●LM

Markéta Luskačová
Children in Playground I, Liverpool
1988

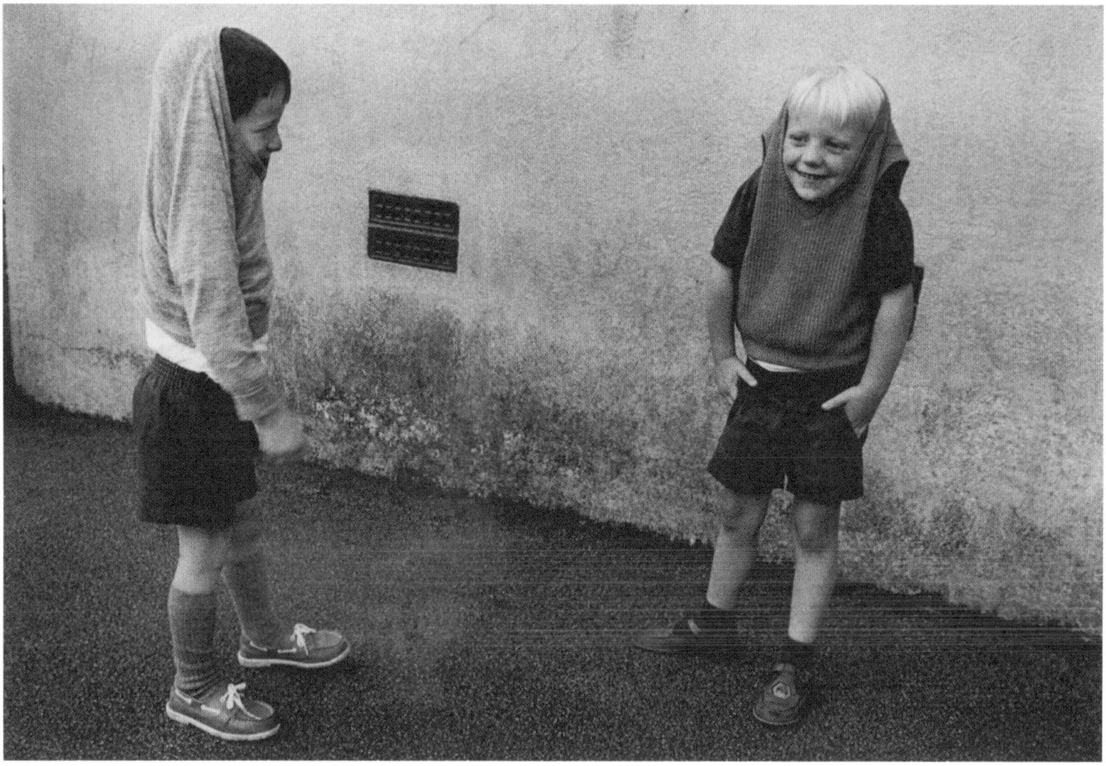

Markéta Luskačová
Children in Playground II, London
1988

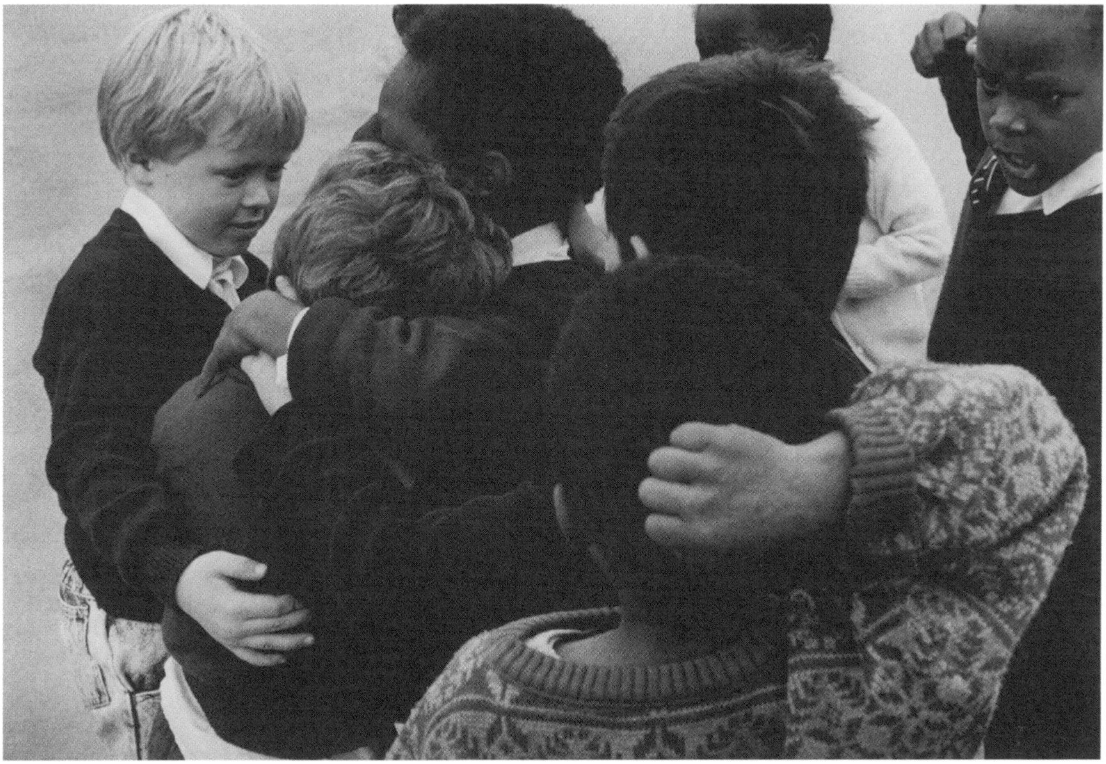

Rachel Maclean

Née en 1987 à Édimbourg, Écosse
Vit et travaille à Glasgow, Écosse

Born in 1987 in Edinburgh, Scotland
Lives and works in Glasgow, Scotland

Rachel Maclean est une artiste multimédia. Elle apparaît fréquemment vêtue de costumes élaborés dans des films où la technique de l'incrustation et les couleurs vives et chaleureuses servent d'écrin à des récits subversifs, funèbres et satiriques.

The Lion and The Unicorn [Le Lion et la Licorne] (2012) est une commande passée par la galerie studio Edinburgh Printmakers avant le référendum de 2014 sur l'indépendance de l'Écosse. Arborant des tenues chamarrées, Rachel Maclean incarne plusieurs personnages, dont le lion anglais et la licorne écossaise des armoiries royales, en train de se quereller, ainsi que la reine Élisabeth II, dans une robe aux couleurs de l'Union Jack. Le film, qui se déroule dans le château de Traquair House, dans le comté des Scottish Borders, s'ouvre par une scène où l'artiste incarne la reine Élisabeth II, et reprend en playback le discours prononcé par la souveraine pour Noël, en 1957. Tout au long du film, Rachel Maclean utilise des sons d'archives pour mettre en scène les débats anglo-écossais qui se déroulent dans les médias et entre politiciens, raillant la façon dont est alors attisée la rivalité entre les deux nations.

Avec un humour caustique, Maclean reprend la rhétorique du Premier ministre britannique de l'époque, David Cameron, dans le rôle du lion, et d'Alex Salmond, Premier ministre écossais, dans celui de la licorne. Chacun fixe l'autre avec dédain, les lèvres tremblantes, tandis que le journaliste Jeremy Paxman ponctue la discussion de commentaires cinglants, la bande-son étant tirée d'un débat sur l'indépendance de l'Écosse diffusé sur BBC Newsnight. Les protagonistes du film boivent un liquide épais qui s'apparente au pétrole de la mer du Nord – les droits d'exploitation des gisements d'hydrocarbures sont l'un des principaux sujets de la campagne – et se délectent d'un dessert écœurant dégoulinant de génoise. En s'attaquant aux affaires de l'État par l'humour et la satire, Rachel Maclean se sert des drapés, couronnes et autres armoiries étatiques en leur donnant les couleurs acidulées de films d'animation.

Rachel Maclean
The Lion and The Unicorn
2012

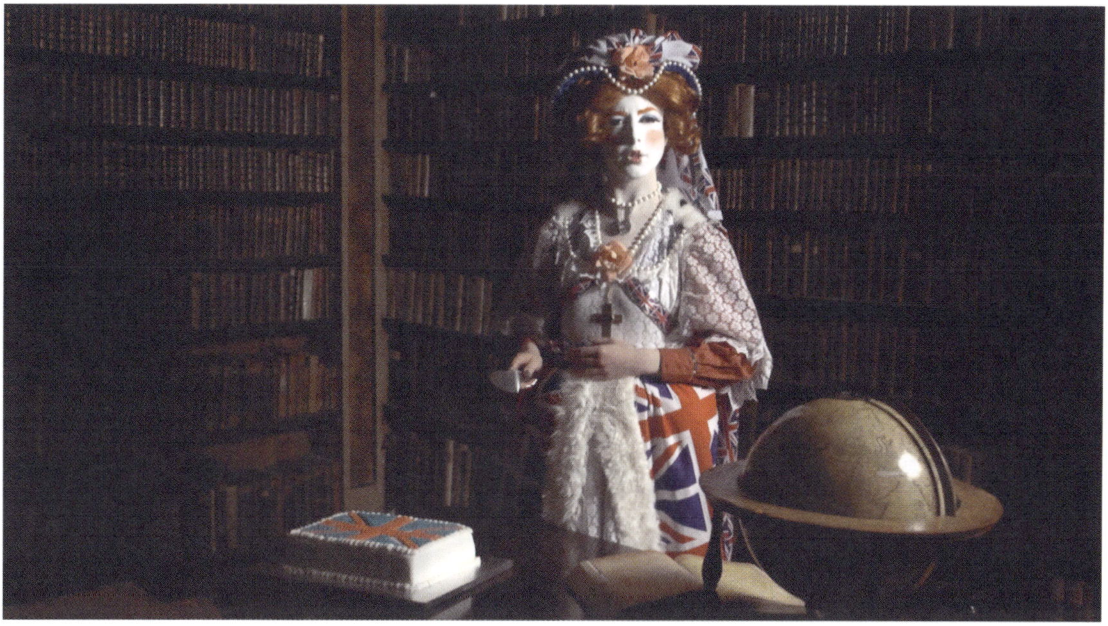

Rachel Maclean is a multimedia artist. She appears frequently in her film works and often makes use of elaborate costumes, green screens and bright, inviting colours that act as an enticing veneer to subversive, sinister and satirical content.

The Lion and The Unicorn (2012) was commissioned by Edinburgh Printmakers in the lead-up to the 2014 referendum on Scottish independence. In flamboyant dress, Maclean plays several characters including the English lion and Scottish unicorn from the Royal Coat of Arms as they argue, and Her Majesty Queen Elizabeth II clad in a Union Jack print. Set in Traquair House in the Scottish Borders, the film opens with Maclean as Queen Elizabeth II, lip-syncing to the monarch's 1957 Christmas broadcast. Throughout, Maclean utilises archive audio to highlight the binary Anglo-Scottish conversations taking place in the media and among politicians, poking fun at the way in which the rivalry between each side is incited.

With thigh-slapping gusto, Maclean mimes along to the rhetorical posturing of the then-UK Prime Minister David Cameron as the lion, and Alex Salmond, the Scottish First Minister at the time, as the unicorn. Each surveys the other with lip-curling contempt, while withering interjections are heard from the presenter and journalist Jeremy Paxman, the audio taken from a debate on Scottish independence aired on BBC Newsnight. They quaff from glasses charged with a thick liquid doubling as North Sea oil – the revenue rights of which formed a key bone of contention in the campaign – and feast on a sickly sponge cake that squelches as it is sliced. Skewering the affairs of state through humour and horror, Maclean harnesses the spirit of camp, presenting the capes, tiaras and frippery of the state in Care Bear colours. ●LM

Rachel Maclean
The Lion and The Unicorn
2012

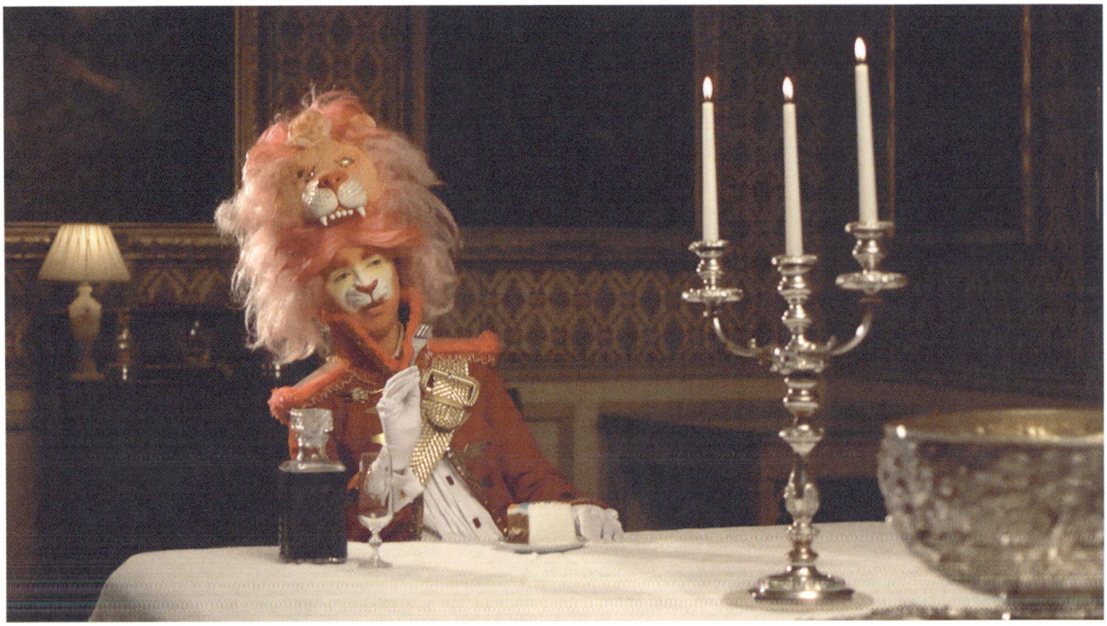

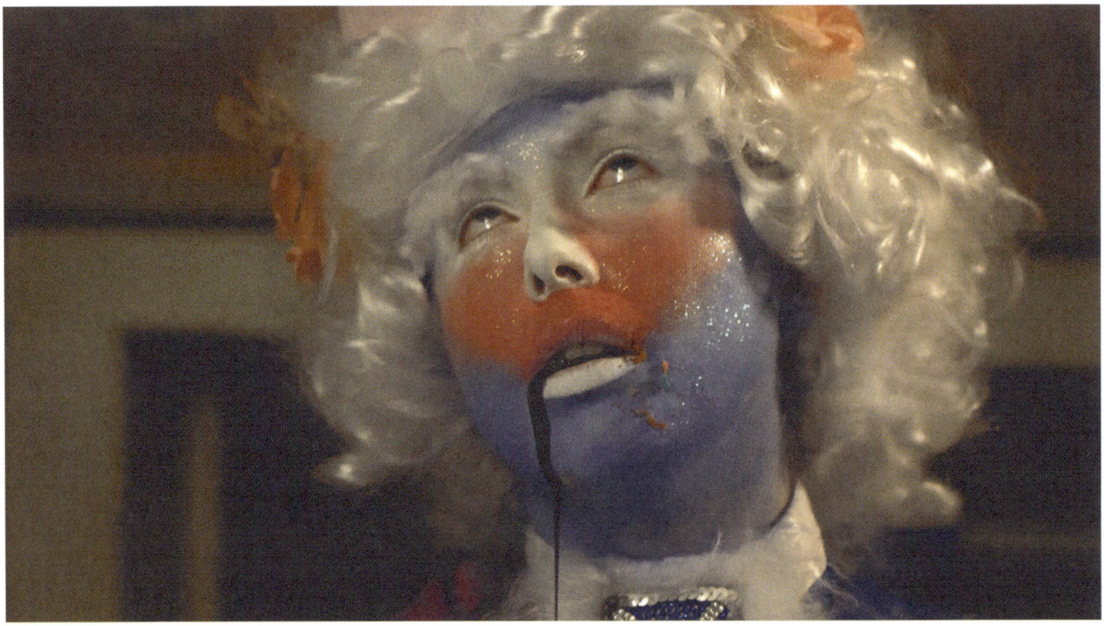

Rachel Maclean
The Lion and The Unicorn
2012

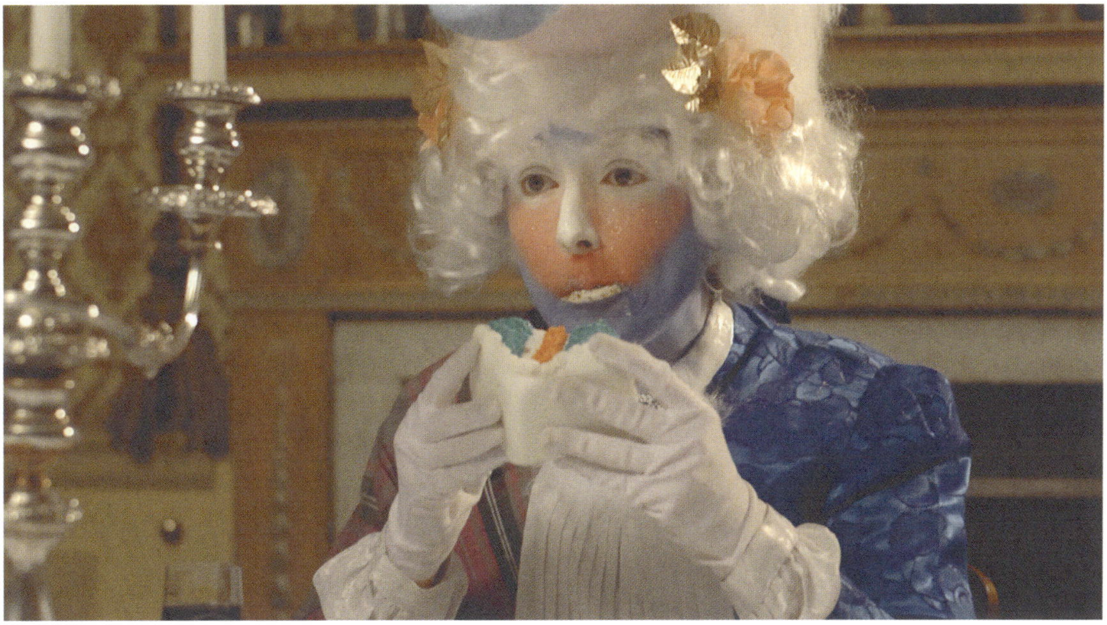

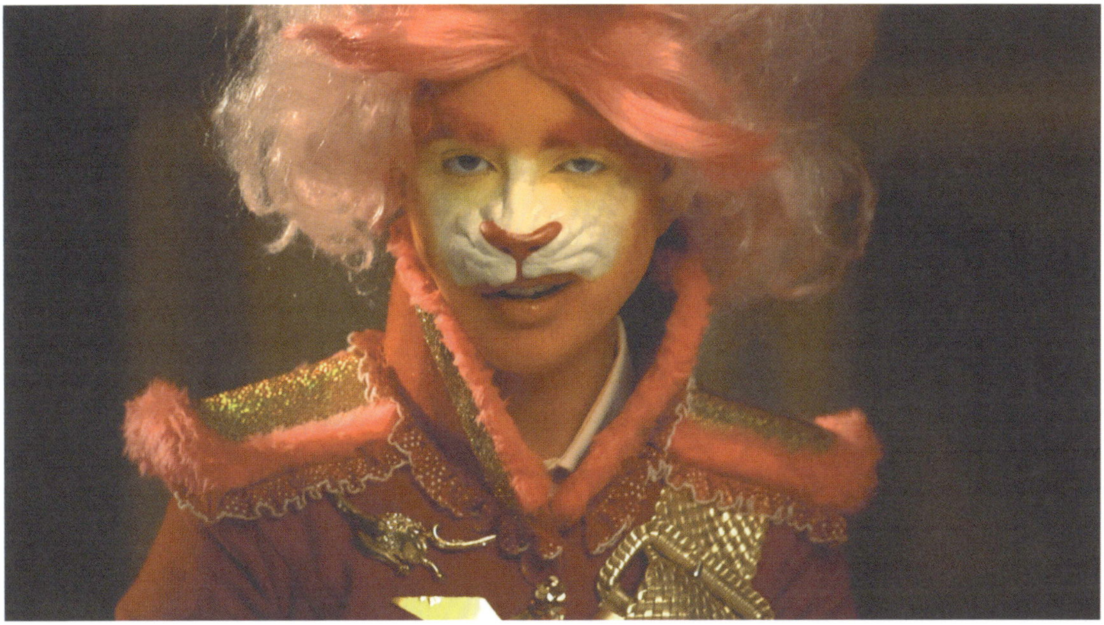

Goshka Macuga

Née en 1967 à Varsovie, Pologne
Vit et travaille à Londres, Angleterre

Born in 1967 in Warsaw, Poland
Lives and works in London, England

Artiste engagée, Goshka Macuga a une pratique artistique pluridisciplinaire qui prend comme point de départ la recherche historique et l'exploration d'archives afin de remettre en question les structures politiques et les défis auxquels sont confrontées nos sociétés. Ses œuvres prennent la forme de sculptures, de collages, de dessins, de tapisseries et d'installations. Son intérêt pour les documents d'archives et l'historiographie lui permet de proposer une nouvelle lecture des faits historiques et d'en renouveler la narration.

En 2018, l'artiste réalise l'œuvre *Make Tofu Not War* [Faites du tofu et non la guerre], une tapisserie 3D de grand format dont le récit dystopique est à la fois humoristique et politique. La scène prend place au milieu d'une forêt, où l'on aperçoit un groupe d'individus déguisés en loup, en renne et en ours polaire. Les trois personnages loufoques semblent se remettre de leur participation à une manifestation, leurs postures traduisant un sentiment de mécontentement et de frustration. Passé, présent et futur s'entremêlent grâce à la présence de la Tour de Babel – un épisode biblique témoignant de l'orgueil d'une civilisation – que l'on devine en arrière-plan, de trois pancartes de protestation qui font référence aux enjeux écologiques et politiques actuels, puis d'un cosmonaute et d'une capsule spatiale qui apparaissent dans le paysage lorsqu'on utilise les lunettes 3D. Ces différents éléments narratifs brouillent étrangement l'espace temporel de la scène qui se déroule dans les bois.

L'œuvre fait allusion à *La Ferme des animaux* de George Orwell, un roman satirique publié en 1945, dans lequel les animaux se révoltent contre leur maître. En assimilant les manifestants à des animaux, Goshka Macuga rend la scène encore plus ironique malgré les revendications portées. Elle semble ainsi évoquer l'impact de la bêtise humaine sur le monde et l'importance de la solidarité pour protester contre cette aberration. ●ML

Goshka Macuga,
Make Tofu Not War
2018

79

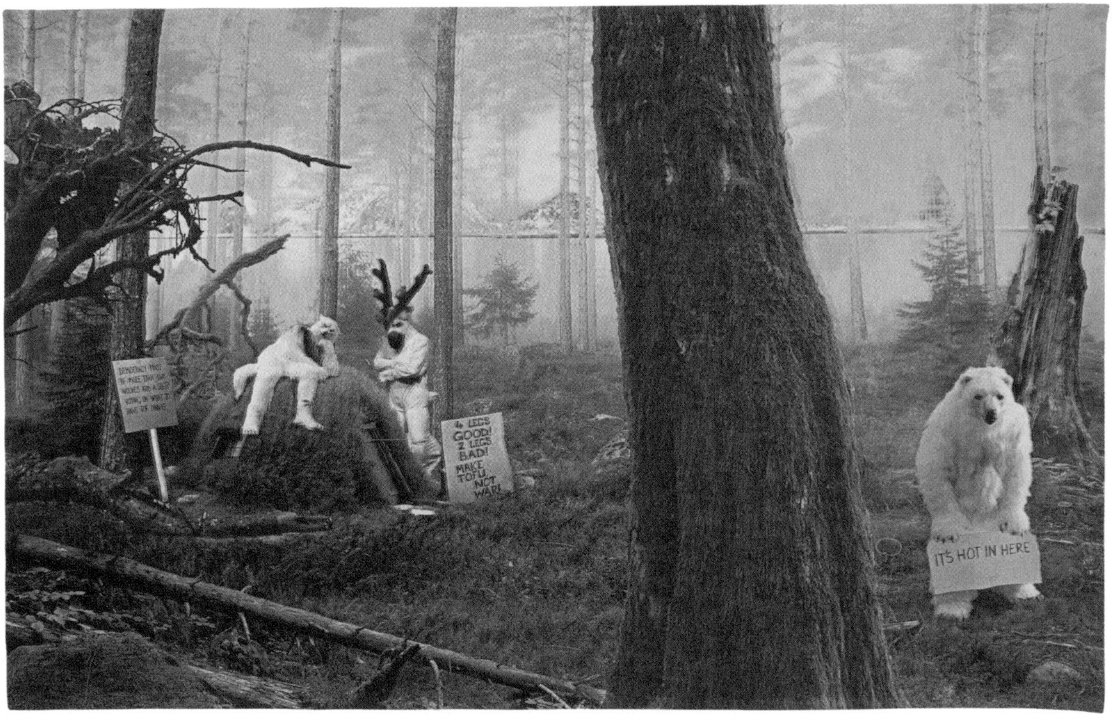

Goshka Macuga is a resolutely committed artist whose multidisciplinary artistic practice is notable for the amount of historical and archival research she engages in, in order to address the political structures and challenges facing contemporary society. Macuga works in a variety of mediums that include sculpture, collage, drawing, tapestry and installation. Her interest in archival documents and historiography has prompted her to offer new readings of historical events and to revitalise the way in which they are narrated.

In 2018 Macuga produced *Make Tofu Not War*, a large-format 3D tapestry whose dystopian narrative is both humorous and political. The scene is set in the middle of a forest, where we see a group of individuals disguised as a wolf, a reindeer and a polar bear. These three oddball characters seem to be recovering after taking part in a demonstration; their poses convey a sense of discontent and frustration. Past, present and future merge: we see the Tower of Babel in the background, a biblical episode about the hubris of civilisation, three protest signs referring to contemporary ecological and political issues, and a cosmonaut and a space capsule which appear in the landscape when viewed with the 3D glasses. These different narrative elements strangely disrupt the temporal space of the woodland scene.

The work alludes to George Orwell's satirical novel *Animal Farm: A Fairy Story* (1945), in which animals revolt against their master. By likening the demonstrators to animals, Macuga makes the scene even more ironic, despite the grievances being raised. She seems to be evoking the impact of human stupidity on the world and the importance of solidarity in any protest against its wrongdoings.

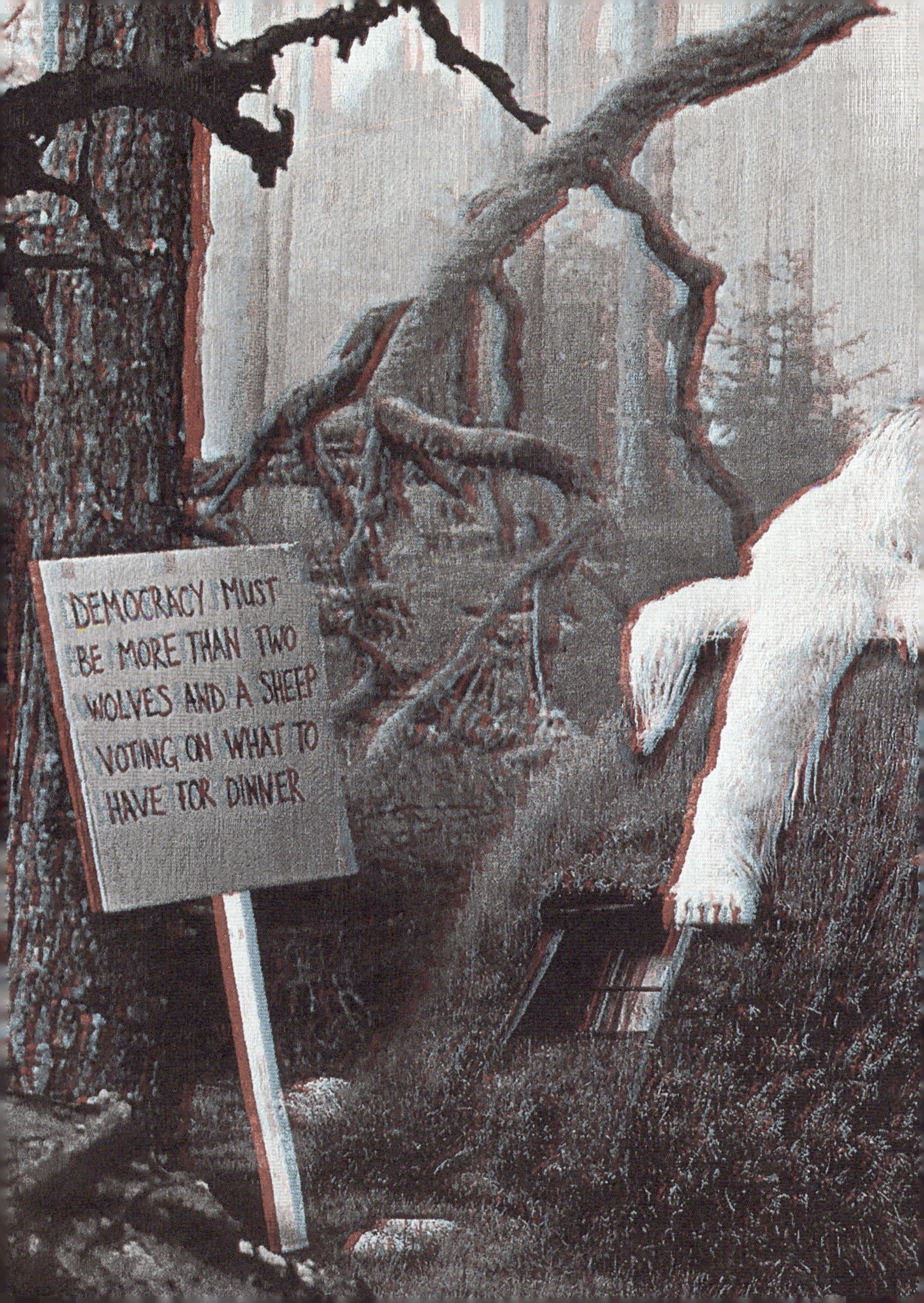
DEMOCRACY MUST
BE MORE THAN TWO
WOLVES AND A SHEEP
VOTING ON WHAT TO
HAVE FOR DINNER

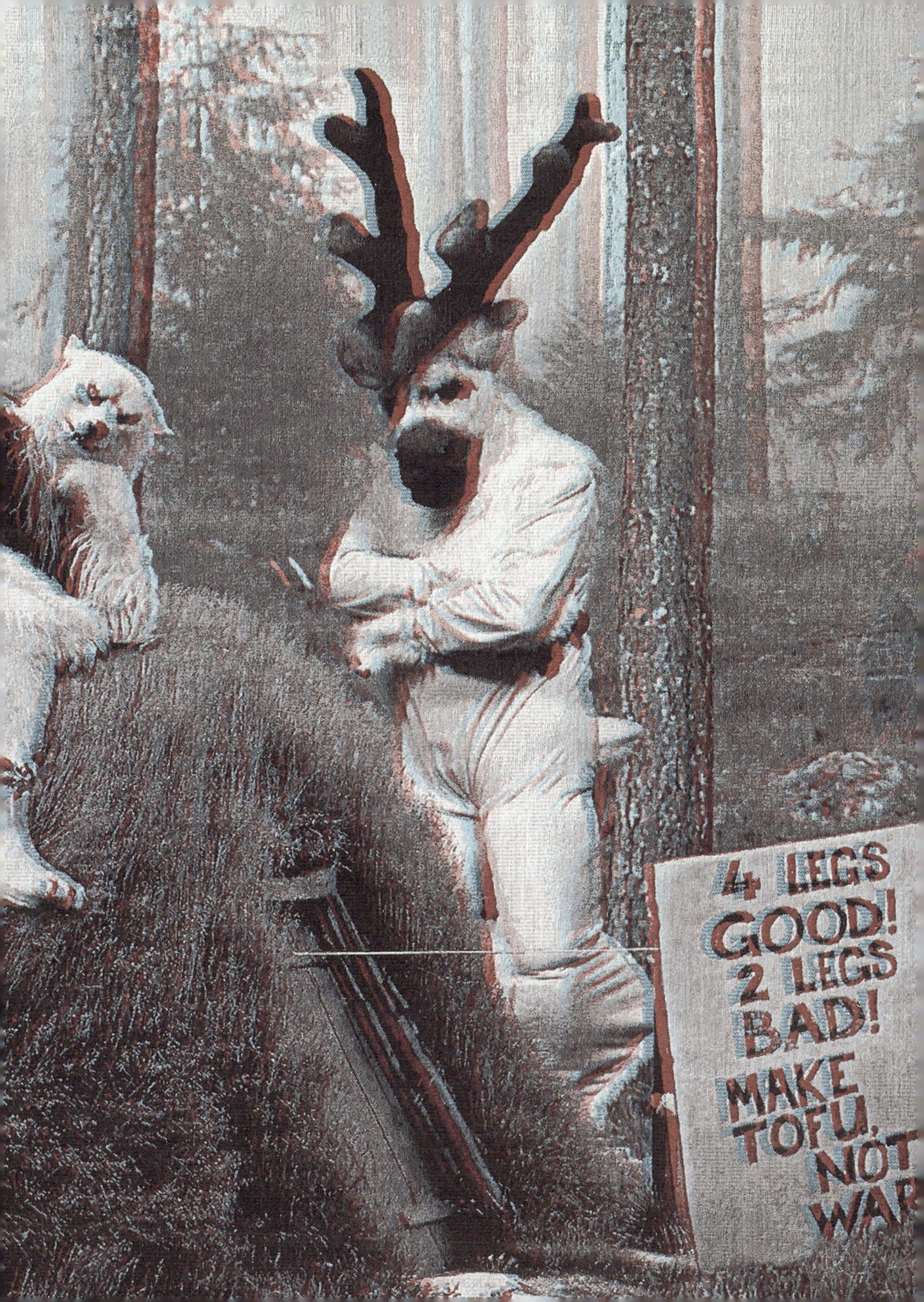
4 LEGS
GOOD!
2 LEGS
BAD!
MAKE
TOFU,
NOT
WAR

Madame Yevonde

Née en 1893 à Londres, Angleterre
Décédée en 1975 à Londres, Angleterre

Born 1893 in London, England
Died 1975 in London, England

Madame Yevonde (née Yevonde Cumbers) a été connue très tôt pour ses expérimentations en matière de techniques photographiques. Pionnière du Vivex (1928-1939), un procédé complexe permettant la production standardisée de tirages couleur de qualité, elle a réalisé des centaines de portraits, de natures mortes et de commandes pour des magazines et des agences publicitaires. Féministe, partisane du mouvement des suffragettes, elle représente souvent les femmes telles des consommatrices modernes ou des personnages mythologiques. Les toiles de fond peintes, costumes, accessoires et éclairages théâtraux de ses clichés sont inspirés de motifs surréalistes.

La série *The Kind Lion* [Lion pacifique] a été présentée pour la première fois lors de l'exposition personnelle de Madame Yevonde à l'Albany Gallery de Londres en 1932. Illustrant les expérimentations novatrices de l'artiste en matière de photographie couleur, l'exposition mettait également en évidence son intérêt précoce pour les scènes narratives et les sujets animaliers. Dans ces deux tirages réalisés à partir de négatifs de 1934, un fond rouge-orange vif représente la lumière intense du soleil et la chaleur de l'habitat naturel du lion. Une bâche en toile cirée verte remplace l'herbe sauvage de la savane. La lumière reflétée par les ondulations de la bâche et les feuilles d'un arbre artificiel donnent une impression de profondeur. Dans la première version, une figurine de lion est placée à côté d'une poupée humaine allongée sur le sol. Dans la seconde, le lion semble s'approcher de la poupée en apparence blessée.

Les lions jouissent d'une réputation de prédateurs agressifs à l'état sauvage. Ici, cependant, l'animal est représenté comme une créature bienveillante, montant la garde et semblant protéger une personne vulnérable. Elle évoque également la possibilité d'une amitié entre l'homme et l'animal, grâce à une communication non verbale, faite de gestes tactiles et de signaux visuels.

Madame Yevonde
The Kind Lion I
Tirage de 1998 à partir d'un négatif de 1934 | *1998 print from 1934 negative*

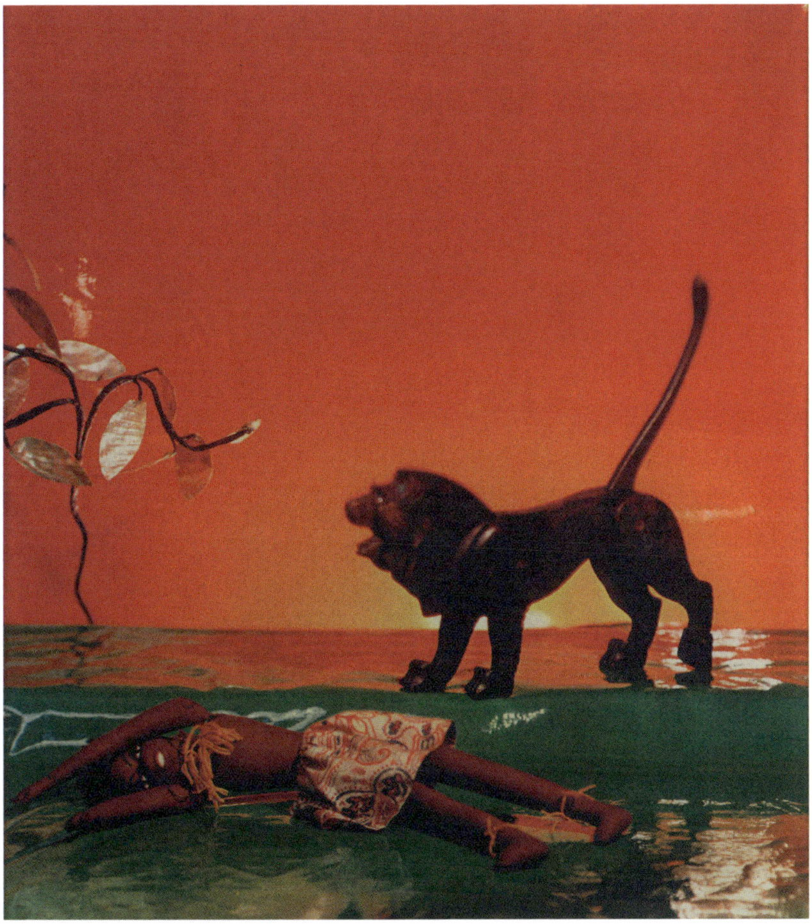

Madame Yevonde (born Yevonde Cumbers) was renowned for her experimentation with photographic techniques. A pioneer of Vivex (1928-1939) – a complex process that enabled the standardised production of quality colour prints – she produced hundreds of portraits, still lifes and commissions for magazines and advertising. A feminist and supporter of the Suffragette movement, her works often depicted women as modern consumers and mythological figures. Their use of painted backdrops, costumes, props and dramatic lighting also drew inspiration from Surrealist art and motifs.

The series *The Kind Lion* first featured in Madame Yevonde's debut solo exhibition at the Albany Gallery in London in 1932. Showcasing Yevonde's initial experiments with colour photography, the exhibition also highlighted her early interest in narrative scenes and animal subjects. In these two prints – produced from negatives made in 1934 – a vivid red-orange backdrop represents the intense heat and sunlight of the lion's natural habitat. A green plastic cover stands in for the wild grass of the savannah. Light reflected from ripples in the green covering and the leaves of a model tree create a sense of depth. In the first image, a lion figurine is positioned beside a human doll lying on the ground. In the second image, the lion approaches the seemingly injured figure.

In the wild, lions are known to be aggressive predators. Here, however, the lion is portrayed as a benevolent creature, standing guard and appearing to protect the vulnerable figure. It also evokes the possibility of human-animal friendships, formed through non-verbal communication, tactile gestures and visual signs. ●MP

Gordon Matta-Clark

Né en 1943 à New York, États-Unis
Décédé en 1978 à New York, États-Unis

Born 1943 in New York, United States
Died 1978 in New York, United States

Figure emblématique de la scène artistique new-yorkaise des années 1970, Gordon Matta-Clark a été le pionnier d'une approche radicale de la création artistique. Ses interventions dans l'environnement bâti font le lien entre art conceptuel, performance et land art, et mettent en lumière la structuration de l'espace urbain, les politiques d'embourgeoisement et leur impact sur les habitants.

Ce film documente une rare performance de l'artiste réalisée à même le mur de Berlin en 1976, alors qu'il était invité à participer à l'exposition *Soho in Berlin* de l'Akademie der Künste [Académie des arts]. Compilé en 2007 à partir d'images d'archives, le film commence par l'exposé circonstancié de son intention initiale : faire exploser une section du mur. Ses amis le dissuadent alors de poursuivre « une telle action suicidaire ». Au lieu de cela, *The Wall* [Le Mur] (1976-2007) offre une vision sans fard de l'artiste et de ses compagnons en train de coller des publicités pour des produits de consommation ouest-allemands sur des tronçons du mur contrôlés par les Britanniques et les Américains.

Critiquant l'influence de la propagande et de la politique économique des États-Unis sur l'Allemagne de l'Ouest, l'intervention de Gordon Matta-Clark dénonce le pouvoir de division politique et sociale matérialisée par le mur. Les graffitis avec les mots *« FROM USSR MIT LOVE »* [Depuis l'URSS avec amour] et les pochoirs combinant les étoiles du drapeau américain avec la faucille et le marteau communistes soulignent la dépendance mutuelle des États-Unis et de l'Union soviétique pendant la guerre froide. Tandis que l'artiste et ses collaborateurs négocient avec la police des frontières, une plateforme permet de regarder par-dessus le mur vers l'Allemagne de l'Est. La tension provoquée par l'intervention de Gordon Matta-Clark apparaît clairement et est ici renforcée par la musique électronique du film.

Gordon Matta-Clark
The Wall
1976-2007

85

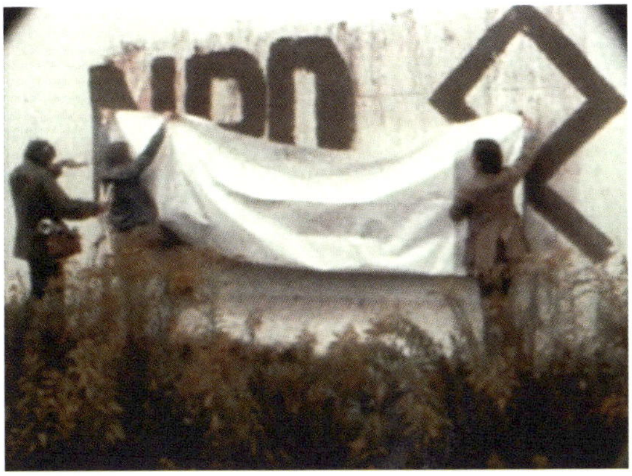

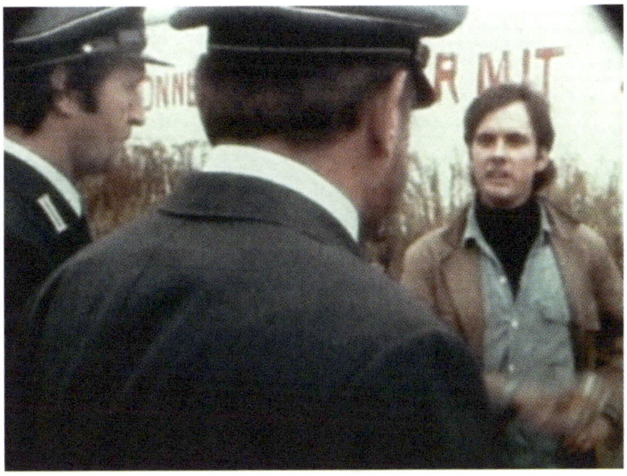

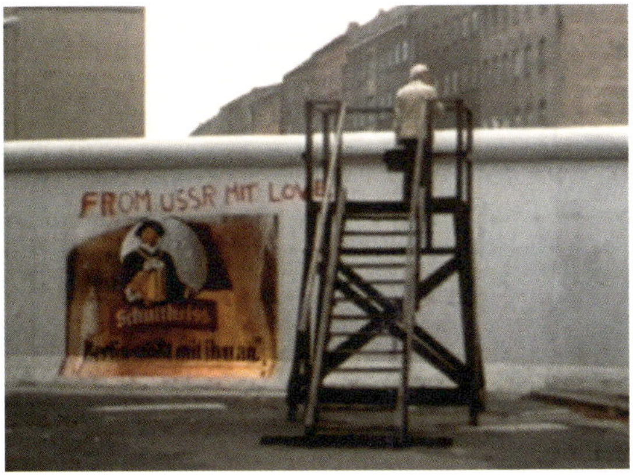

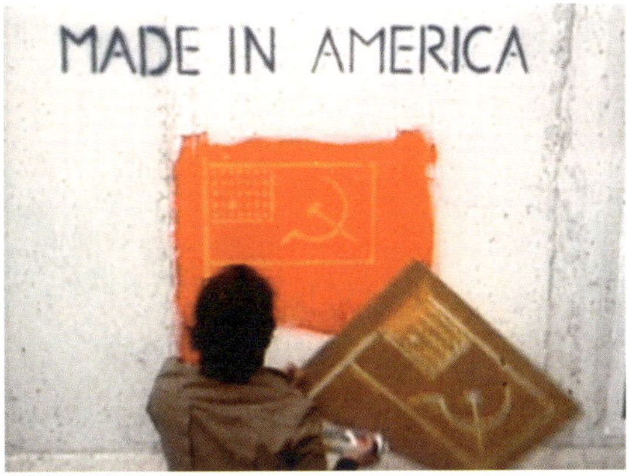

A seminal figure of the downtown New York art scene in the 1970s, Gordon Matta-Clark pioneered a radical approach to art making. His interventions in the built environment bridged conceptual, performance and land art, highlighting spatial constructs, politics of gentrification, and their impact on communities.

This film documents a rare performance by the artist at the Berlin Wall in 1976, when he was invited to participate in the exhibition *Soho in Berlin* at the Akademie der Künste [Academy of Arts]. Compiled from archival footage in 2007, it begins with a statement detailing his original intention to explode a section of the wall, only to be dissuaded by friends from pursuing 'such a suicidal action'. Instead, the film offers a candid view of the artist and companions plastering advertisements for West German consumer products onto the British – and American – controlled sections of its architecture.

Criticising the impact of US propaganda and economic policy on West Germany, Matta-Clark's intervention denounces the wall's divisive political and social power. Graffiti of the words '*FROM USSR MIT LOVE*' and stencils combining the stars of the American flag with the communist hammer and sickle emphasise the mutual dependency of the United States of America and the Soviet Union during the Cold War. While the artist and his collaborators negotiate with border police, a platform allows people to look over the wall into East Germany. The tension provoked by the intervention is apparent and augmented by the film's electronic score. ●MP

Hetain Patel 86

Né en 1980 à Bolton, Angleterre
Vit et travaille à Londres, Angleterre

Born in 1980 in Bolton, England
Lives and works in London, England

Artiste visuel et performeur, Hetain Patel explore la notion d'identité à travers la vidéo, la photographie, la peinture, la sculpture et la performance. Ses œuvres pluridisciplinaires, souvent autobiographiques, s'intéressent à la manière dont la culture populaire réunit les communautés, notamment celles qui sont minoritaires ou marginalisées. L'artiste approfondit avec humour et excentricité la complexité des relations interculturelles et bouscule les idées préconçues quant à l'appartenance ethnique.

Le film *Don't Look at the Finger* (2017) met en scène l'union d'un homme et d'une femme lors d'une cérémonie de mariage célébré à l'intérieur d'une église chrétienne. Vêtu·es de costumes traditionnels d'inspiration japonaise et mongole, entre autres, et réalisés avec du tissu wax habituellement porté par les communautés d'Afrique de l'Ouest lors de célébrations, les deux protagonistes s'affrontent dans un duel chorégraphié sous l'œil attentif de leurs familles. Obligé à ce qui semble être un mariage arrangé, le couple sourd se défie et communique à l'aide d'un langage des signes dont les gestes s'intensifient pour se transformer en une sorte de combat inspiré du kung-fu. Le titre de l'œuvre, qui se traduit par « ne regardez pas le doigt », fait référence à une citation de Bruce Lee, tirée du film *Opération Dragon* (1973), dans lequel l'acteur met en garde de ne pas se laisser distraire par ce que pointe le doigt. Tout au long du film de Hetain Patel aucun mot n'est prononcé, l'œuvre reposant uniquement sur la vivacité des mouvements du couple et de la musique rythmée. Leur communication va au-delà du langage et se concentre sur la dynamique des corps qui s'expriment. L'énergie de leur gestuelle leur donne ainsi un élan de complicité malgré la ténacité de leur confrontation et laisse présager une union magnifiée. ●ML

Hetain Patel
Don't Look at the Finger
2017

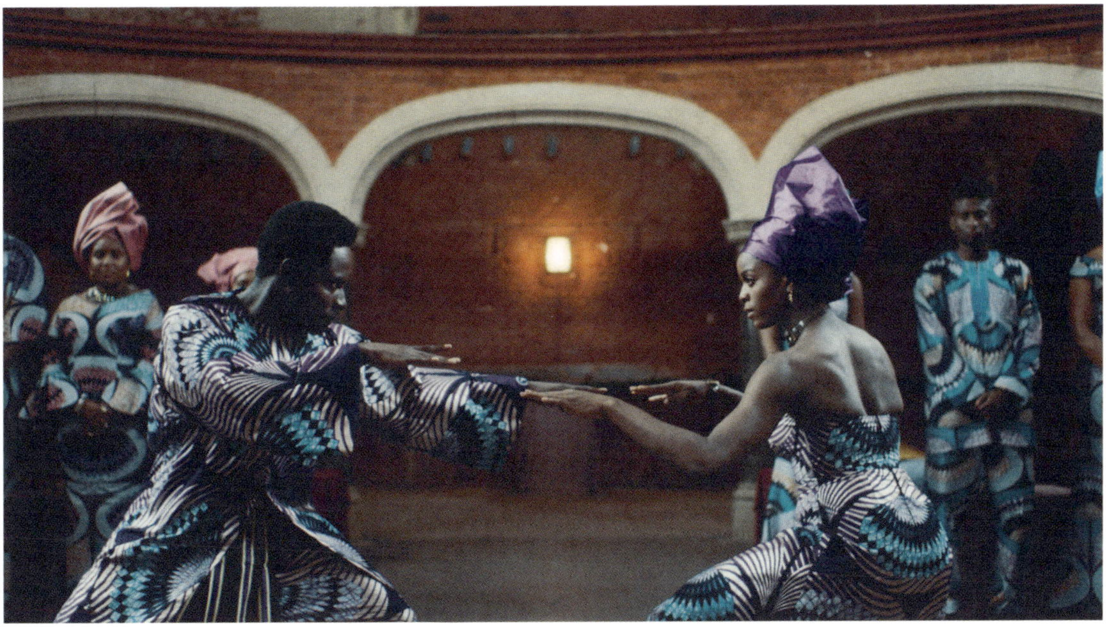

Visual artist and performer Hetain Patel explores the notion of identity through video, photography, painting, sculpture and performance. His multi-disciplinary, often autobiographical works explore the ways in which popular culture binds communities together, particularly minority or marginalised groups. With an eccentric sense of humour, the artist explores the complexities of intercultural relations and challenges preconceptions about ethnicity.

The film *Don't Look at the Finger* (2017) dramatises the marriage of a man and a woman at a wedding ceremony held inside a Christian church. Dressed in Japanese and Mongolian inspired (but not only) traditional costumes, made from the wax fabric typically worn by West African communities for celebrations, the two protagonists face off in a choreographed duel under the watchful eye of their families. Pressured into an apparently arranged marriage, the deaf couple challenge each other and communicate using a sign language in which the gestures intensify into a kind of kung fu-style combat. The title of the work refers to a quote by Bruce Lee from the film *Operation Dragon* (1973), in which the actor warns people not to be distracted by what the finger is pointing at. No words are spoken at any point in Hetain Patel's film, which relies solely on the vivacity of the couple's movements and the rhythm of the music. Their communication goes beyond language and concentrates on the dynamics of their highly expressive bodies. The sheer energy of their movements endows the couple with a bond of complicity, despite the intensity of their antagonism, and hints at a glorious future together.

Hetain Patel
Don't Look at the Finger
2017

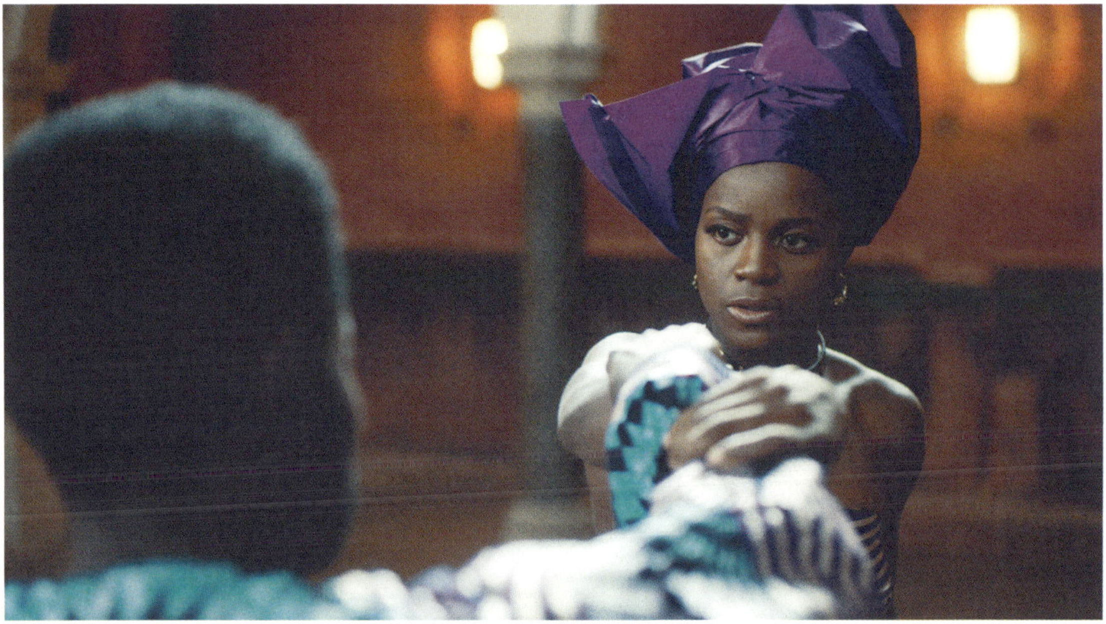

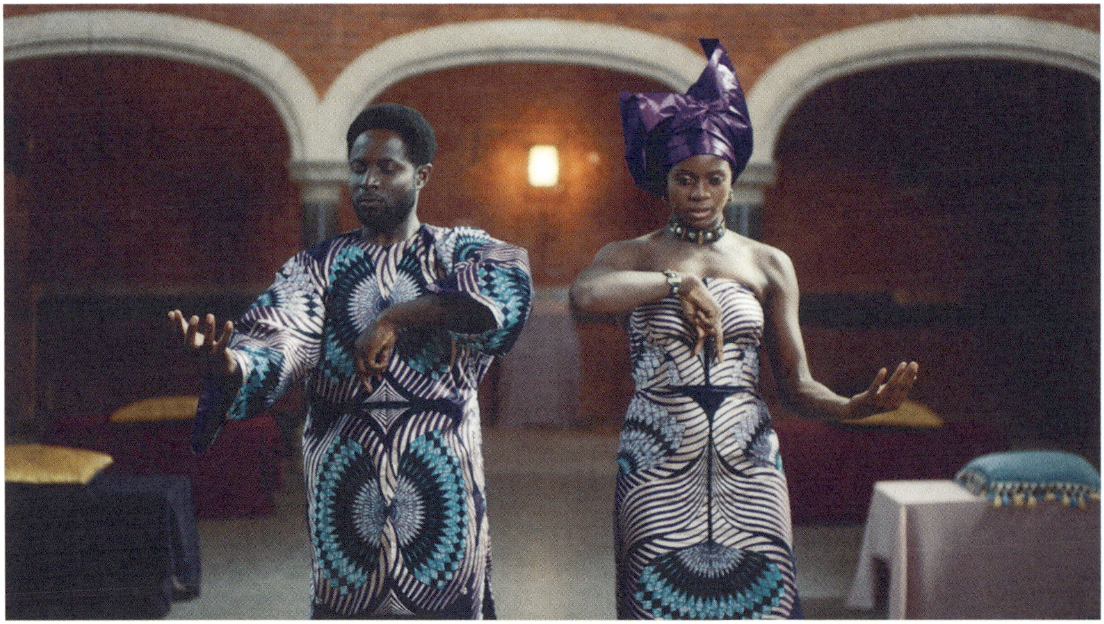

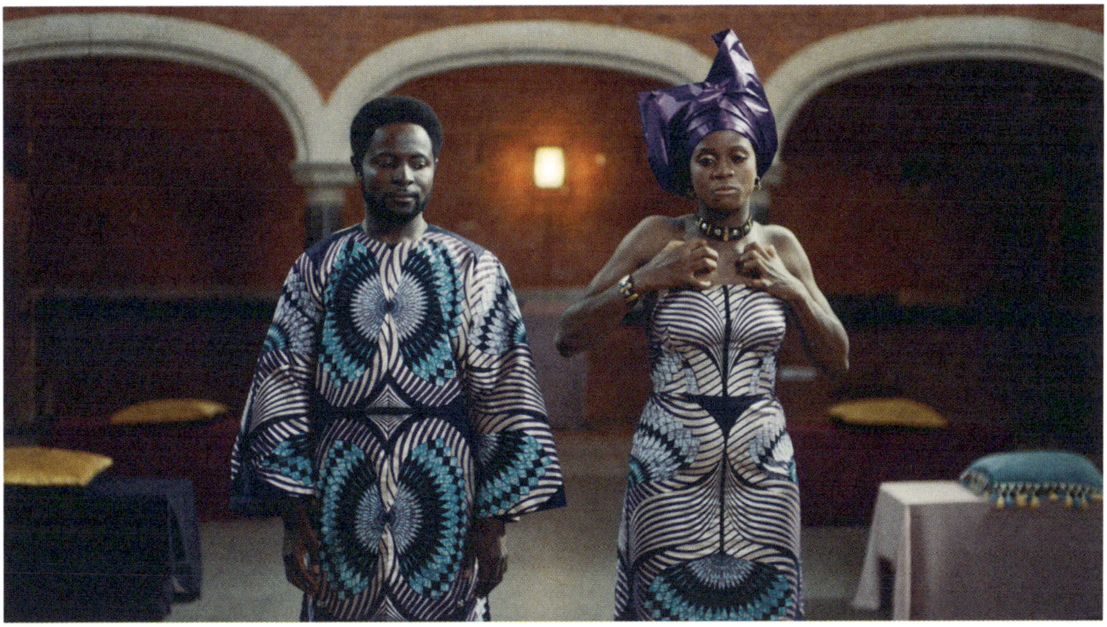

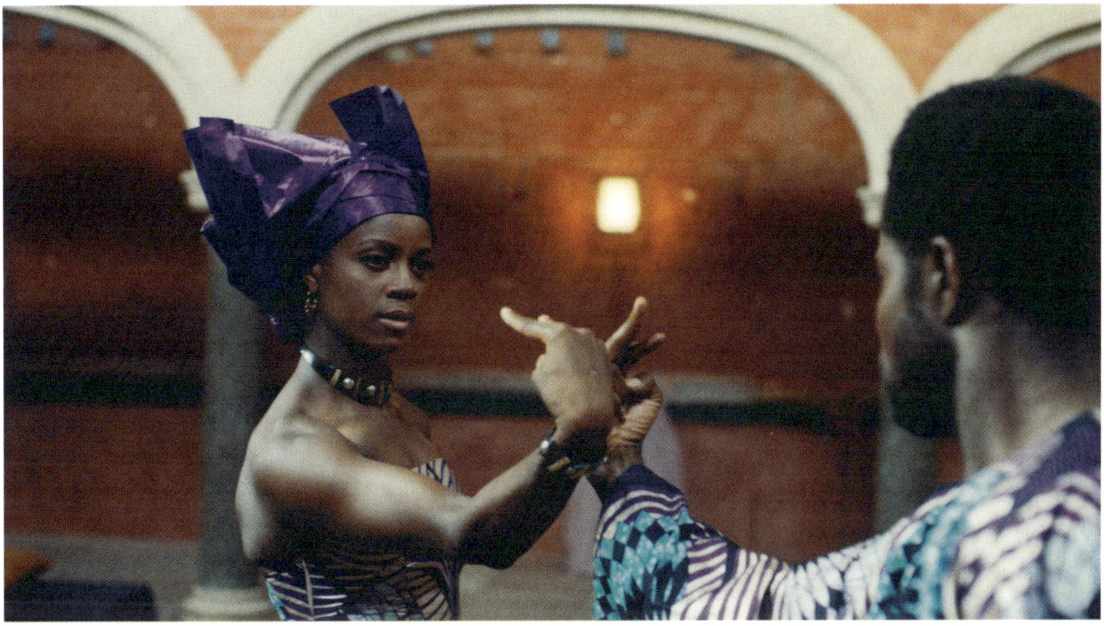

Paula Rego 90

Née en 1935 à Lisbonne, Portugal
Décédée en 2022 à Londres, Angleterre

Born in 1935 in Lisbon, Portugal
Died in 2022 in London, England

Paula Rego est une artiste reconnue pour ses peintures figuratives incisives et audacieuses, inspirées de son histoire personnelle et des contes traditionnels de son enfance au Portugal. Après avoir émigré en Angleterre, elle devient l'un·e des artistes majeur·es de l'école de Londres et côtoie les peintres Francis Bacon et Lucian Freud. Marquée dans sa jeunesse par la dictature de Salazar, Paula Rego réalise une œuvre grinçante qui porte une critique acerbe sur le régime salazariste et impose un univers narratif dérangeant, dans lequel elle aborde les relations humaines, les hiérarchies et les jeux de pouvoir.

Dans ses peintures et ses gravures, Paula Rego utilise la figure animale pour illustrer sa vision du pouvoir. Le chien, qu'elle peint ou dessine de façon récurrente, symbolise autant la férocité et la menace que la docilité et l'affection. L'œuvre *Snare* [Piège] (1987) explore la relation de jeu entre une jeune fille et un chien. Sous des airs innocents, la fillette impose son autorité sur l'animal qu'elle tient par les pattes avant, alors que celui-ci, le dos au sol et la queue repliée, laisse transparaître un sentiment d'inconfort. La naïveté d'un simple jeu prend alors une dimension plus troublante. Dans l'œuvre *Untitled* [Sans titre] (1986), une autre jeune fille orne d'un collier le chien avec lequel elle partage un moment de complicité. La scène dépeint peut-être la camaraderie qui lie l'enfant et l'animal, à moins qu'elle n'insinue plutôt la soumission de ce dernier.

Dans ces œuvres, Paula Rego évoque l'ambivalence du monde de l'enfance, à travers l'image de jeunes filles soignées et la représentation de leur lien d'attachement avec un animal de compagnie, qui se révèle souvent être le camarade de jeu idéal. Pourtant, dans les deux scènes, les rapports de force semblent inversés puisque ce sont les jeunes filles qui exercent une forme de domination sur le chien, rendant ainsi leur relation amicale beaucoup plus complexe. ●ML

Paula Rego
Snare
1987

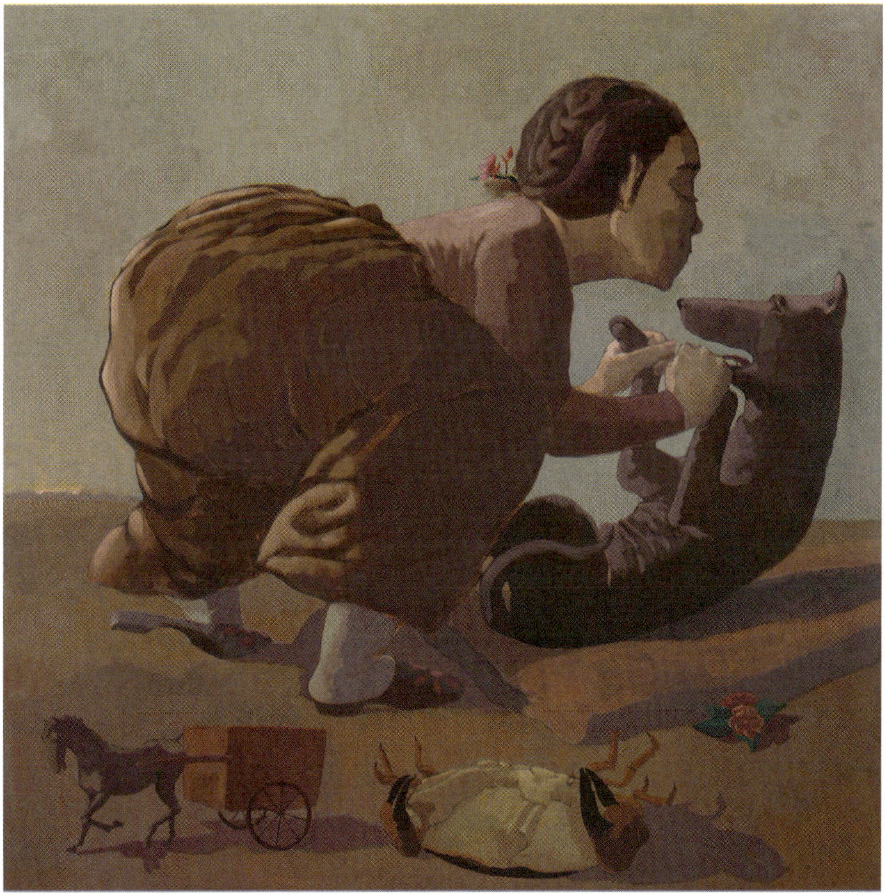

Paula Rego is renowned for her bold, incisive figurative paintings, which draw on her personal history and folk tales from her childhood in Portugal. After emigrating to England, she became one of the leading artists of the London School, working alongside the painters Francis Bacon and Lucian Freud. Affected as a young woman by the Salazar dictatorship, Paula Rego produced acerbic works that were scathingly critical of the Salazar regime and established a disturbing narrative context in which she explored human relationships, hierarchies and power dynamics.

In her paintings and engravings, Rego used animal figures to illustrate her views on power. The dog, which she repeatedly painted or drew, is as much a symbol of ferocity and danger as it is one of docility and affection. *Snare* (1987) explores the playful relationship between a young girl and a dog. With an air of apparent innocence, the young girl exerts her authority over the animal, which she is holding by the front paws, while the animal, lying on its back with its tail between its legs, shows signs of discomfort. The innocence of a simple game takes on a more disturbing dimension. In *Untitled* (1986), another young girl is putting a collar on the dog – a shared moment of complicity. The scene perhaps depicts the companionship between the child and the animal, unless it may suggest the submission of the dog.

In these works, Rego evokes the ambivalence of the world of childhood by portraying neatly dressed young girls and their attachment to a pet, which usually appears to be the ideal playmate. In both these scenes, however, the balance of power seems to be reversed, as it is the young girls who exert a form of domination over the dog, which adds layers of complexity to the loving relationship.

Paula Rego
Four Girls Playing with a Dog
1987

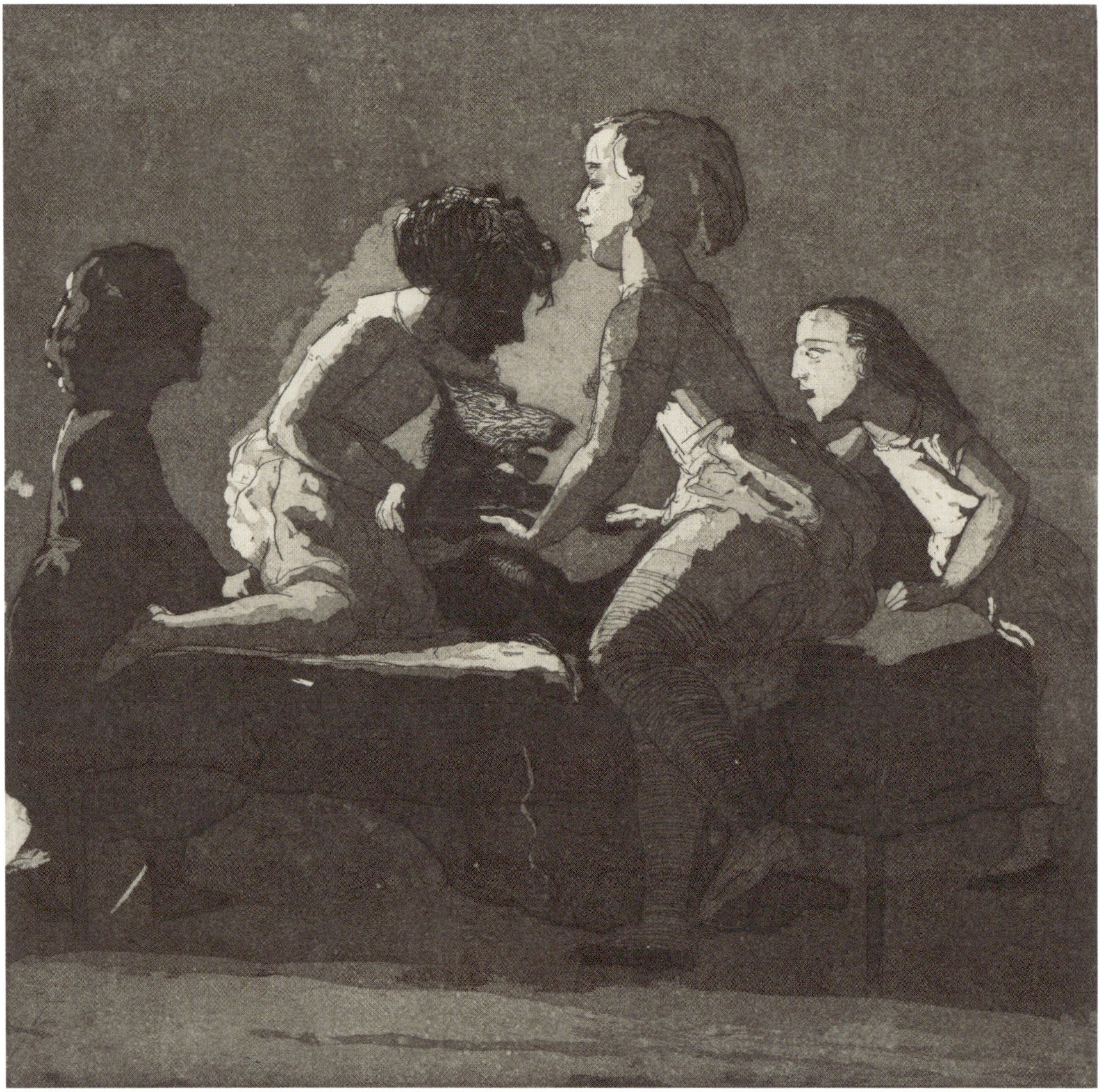

Paula Rego
Untitled
1986

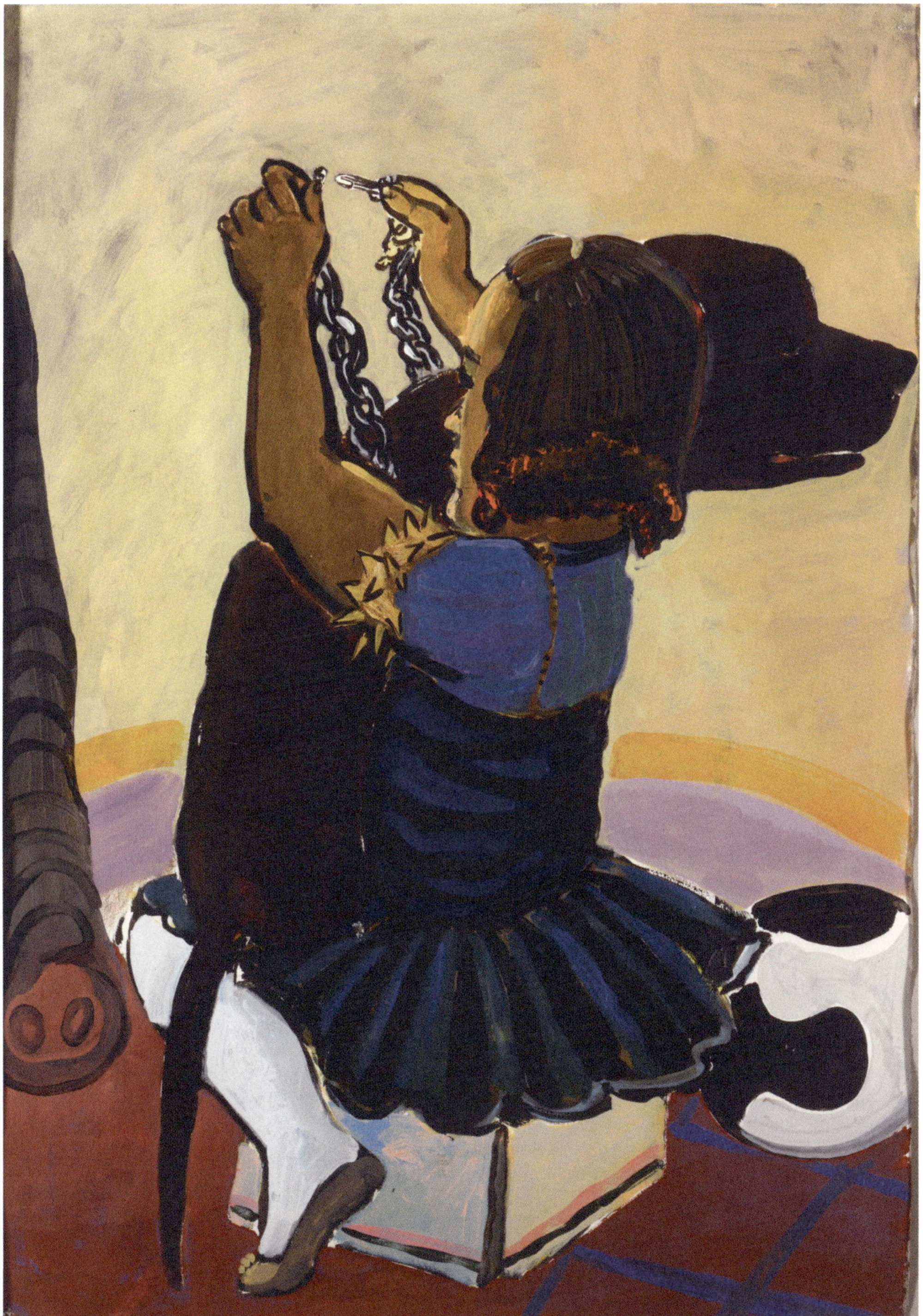

Luke Routledge

Né en 1988 à Redditch, Angleterre
Vit et travaille à Birmingham, Angleterre

Born in 1988 in Redditch, England
Lives and works in Birmingham, England

Les sculptures de Luke Routledge figurent des personnages grandeur nature censés habiter un multivers fictif. Parallèlement à la sculpture, l'artiste se sert de l'art numérique, de l'animation, de l'écriture créative et du dessin pour composer un récit ouvert qui incite le public à participer à la construction d'un univers imaginaire. L'incorporation d'éléments d'animation électronique, qui simulent le mouvement, donne vie à l'œuvre tout en lui conférant un caractère onirique.

Ces sculptures sont conçues pour être reconfigurées : il est possible de disposer la même pièce de différentes manières, ce qui permet de créer un continuum narratif entre plusieurs installations. Tandis que Luke Routledge continue à imaginer de nouveaux personnages pour habiter ce monde singulier, ses recherches actuelles visent à donner davantage de profondeur à leur existence, en complétant chaque installation. L'artiste compose une mise en scène fantastique qui joue avec les échelles et les effets de distorsion, où des parties de corps à apparence humaine semblent fusionner avec la flore et la faune d'un écosystème extraterrestre.

Regroupées en cercle autour de *The Bard of Blomble* [Le Barde de Blomble] (2023), ces créatures multicolores interagissent, en illustrant les thématiques de l'amitié et de la camaraderie. Le barde arborant les couleurs de l'arc-en-ciel joue d'un luth bleu. À ses côtés, on aperçoit un pichet de bière, ce qui explique sans doute l'expression joyeuse des personnages. Le récit d'accompagnement écrit par Luke Routledge explique que le groupe de voyageurs s'est arrêté pour se reposer, « alourdis à la fois par leurs bagages et par une quête interminable et pour l'heure infructueuse [...] attirées par la danse des notes de musique, les diverses créatures du groupe ont abandonné leurs tâches pour se rassembler et regarder le barde jouer »[1]. Celui-ci est saisi en train de chanter au cours de son périple, Luke Routledge transportant ainsi le·la spectateur·rice dans l'univers parallèle qu'il a conçu, en lui offrant la possibilité de compléter le récit par son imagination.

1. Citation extraite d'une histoire courte écrite par l'artiste pour accompagner l'installation.

Luke Routledge
The Bard of Blomble, détail de | *detail of Strangelets*
2023

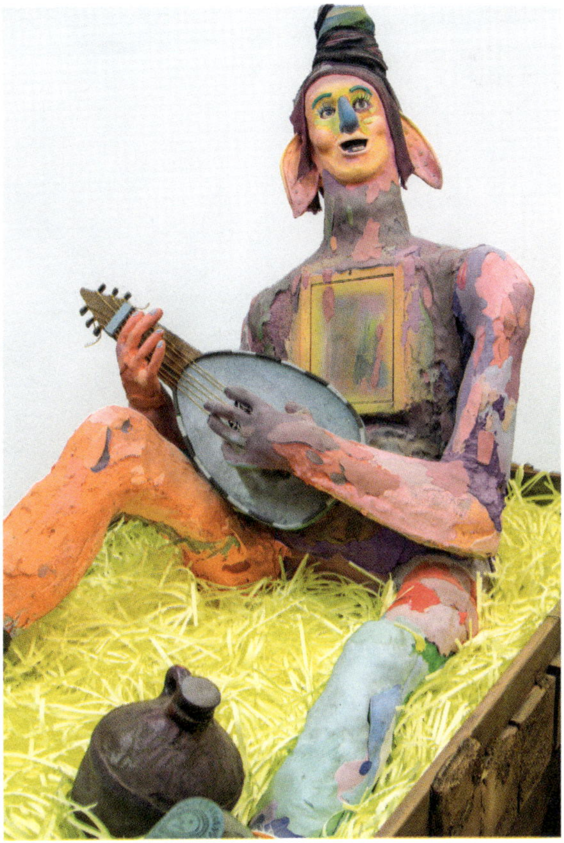

Luke Routledge's work takes the form of human-scale figurative sculptures that inhabit a fictional multiverse. Alongside these sculptures, Routledge employs digital art, animation, creative writing and drawing to create an open-ended narrative that elicits audience participation in the world-building of this fictional universe. Incorporating animatronic components to simulate movement brings the work to life with a dream-like quality.

Routledge's sculptures are reconfigurable; the same piece can be arranged in various ways, creating a narrative arc across multiple installations. Whilst Routledge continues to build additional characters to inhabit this unique world, his ongoing research further fleshes out their existence, expanding with each installation. The artist creates a hallucinatory *mise-en-scène* that plays with scale and distortion, resulting in human-like body parts fusing with the flora and fauna of an otherworldly ecosystem.

Grouped in a circle around *The Bard of Blomble* (2023), colourful creatures interact with one another, emphasising themes of friendship and camaraderie. The rainbow-coloured Bard strums a blue lute. At the bard's side is a jug of ale which presumably explains the cheerful expression on the characters' faces. The accompanying story written by Routledge explains that the group of travellers have paused to rest, being 'weighed down by both their luggage and the endless, presently fruitless search [...], drawn in by the dance of musical notes, the various creatures of the party abandoned their tasks to gather and watch the bard perform' [1]. With the characters caught in the act of a singalong, Routledge transports us to his constructed multiverse and presents the viewer with the opportunity to expand the story using their imagination. ●LM

1. Quotation from a short story written by the artist to accompany the installation.

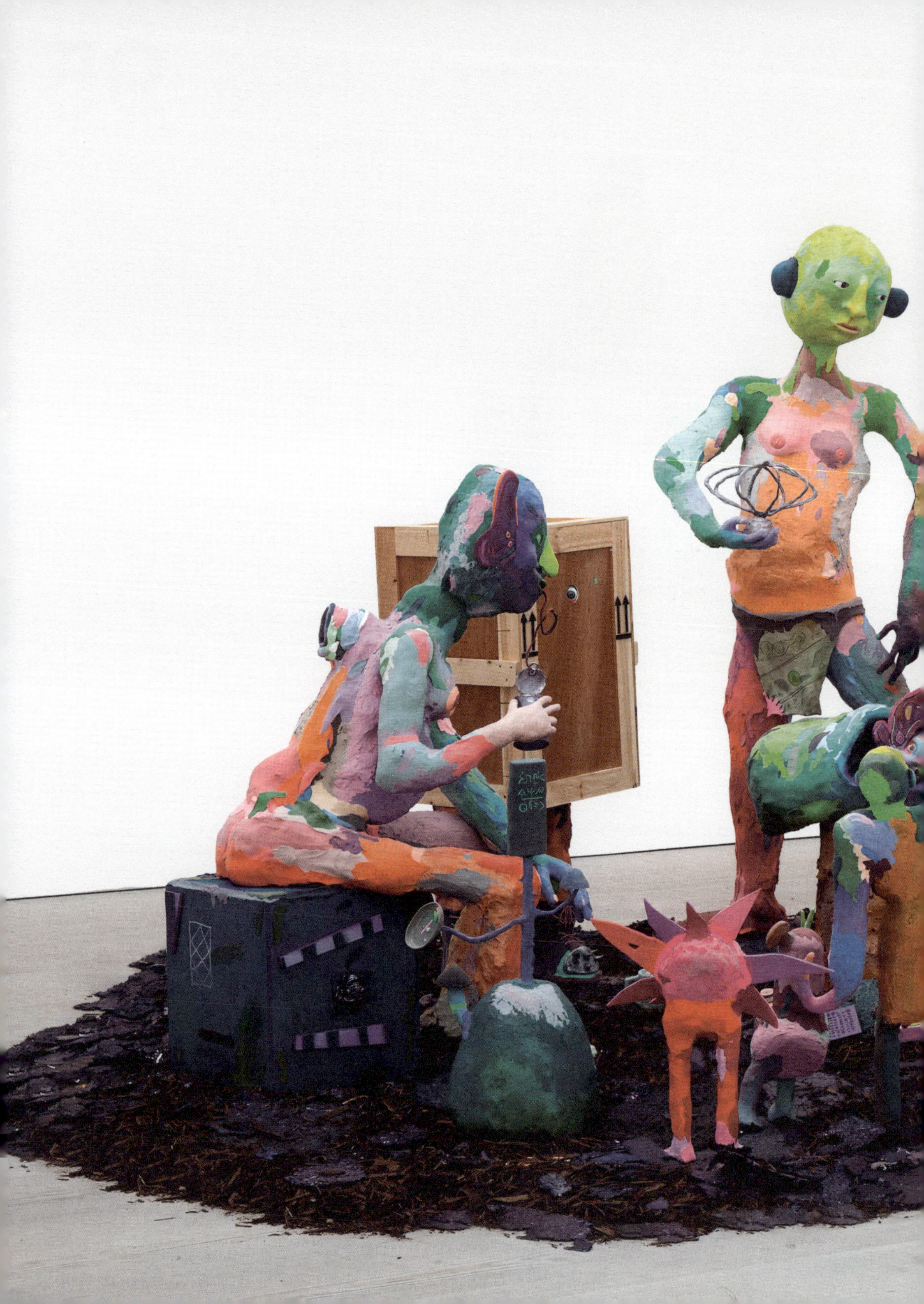

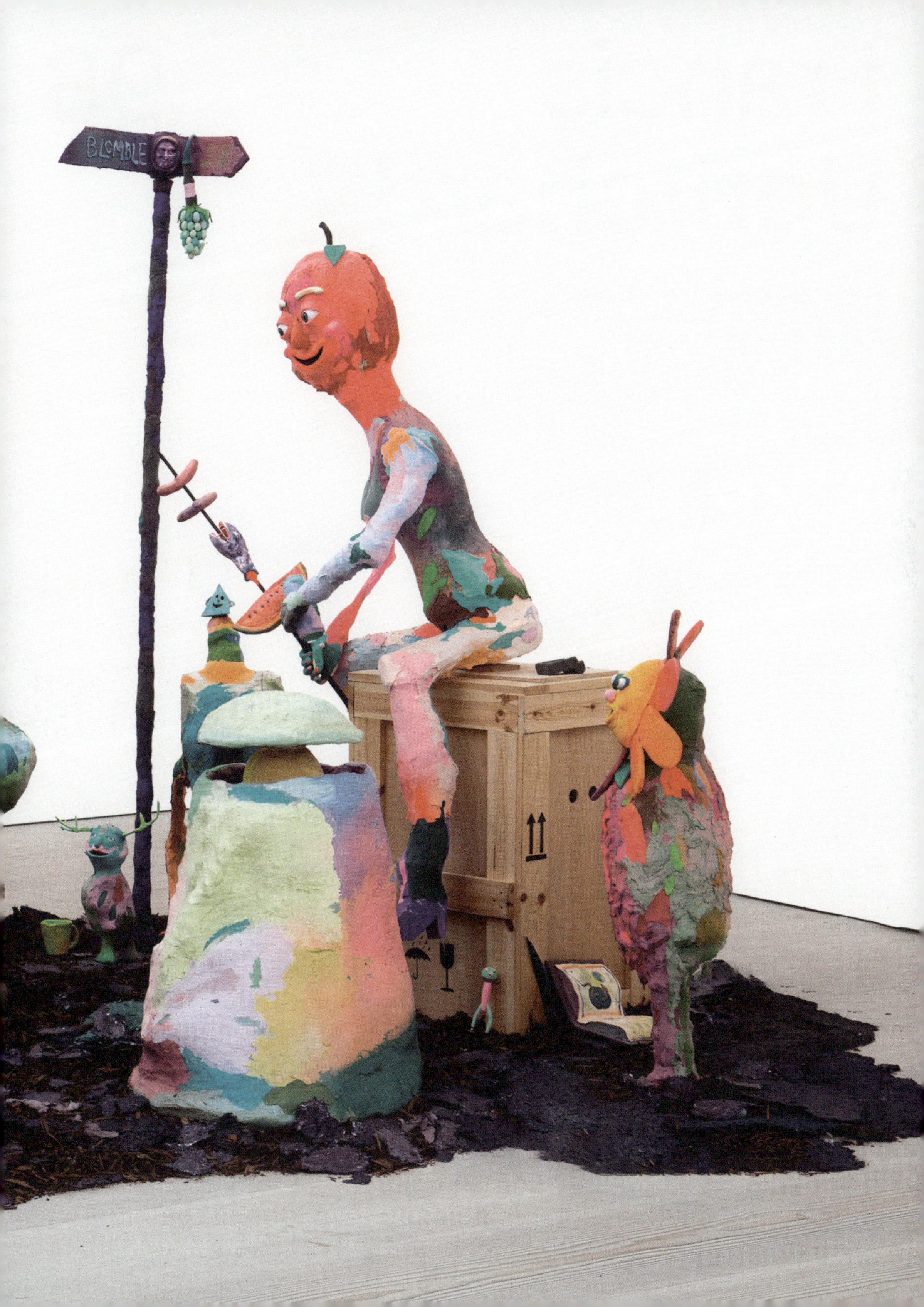
BLOMBLE

Francis Upritchard

Né en 1976 à Ngāmotu / New Plymouth,
Aotearoa / Nouvelle-Zélande
Vit et travaille à Londres, Angleterre

Born in 1976 in Ngāmotu / New Plymouth,
Aotearoa / New Zealand
Lives and works in London, England

Les sculptures ludiques de Francis Upritchard explorent la figure humaine. Souvent présentées en groupes, ses incarnations éminemment personnelles combinent des influences empruntées à l'histoire ancienne et médiévale, à la science-fiction et aux contre-cultures. Échelles et proportions du corps déformées, couleurs et textures servent à dépeindre des personnages et des mondes bien précis.

Marianne (2016) est l'une des œuvres réalisées par l'artiste pour l'exposition internationale, *Viva Arte Viva*, de la 57e Biennale de Venise. Détails, motifs et vêtements font plus ou moins référence à des expressions culturelles fondées sur l'habillement et l'apparence, comme les bals masqués, très populaires pendant la Renaissance vénitienne.

Marianne est l'une des deux figures assises. Son attitude posée et sa surface peinte en turquoise et jaune moutarde contrastent avec les vêtements et les gestes audacieux des autres sculptures. Comme beaucoup d'œuvres de Francis Upritchard, ce personnage torse nu reflète l'esprit libre de la génération hippie des années 1960 et des cultures alternatives. Référence probable à la chanson « So Long, Marianne » (1967) de Leonard Cohen, son titre évoque les rencontres fortuites, les amitiés et les liaisons qui ont inspiré les artistes bohèmes de cette période – comme la relation de Leonard Cohen avec Marianne Ihlen, qu'il a rencontrée sur l'île grecque d'Hydra en 1960.

Dans l'installation originale, Francis Upritchard a placé *Marianne* de manière qu'elle soit, pour l'essentiel, vue de profil. Les yeux clos et la tête méditative – tournés vers le public – donnent une impression d'isolement volontaire. Cette attitude sereine pourrait être interprétée comme un rappel de la nécessité de respecter le désir de solitude de nos ami·es et des autres personnes.

Francis Upritchard
Marianne
2016

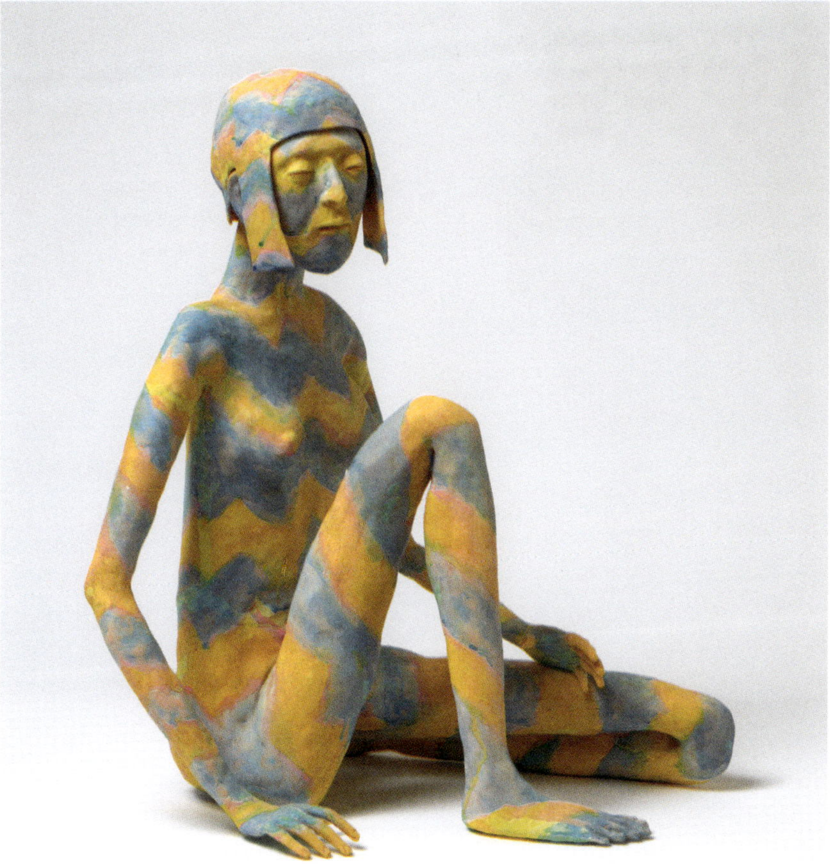

Francis Upritchard's playful sculptures explore the human form. Often presented in groups, her idiosyncratic figures combine influences from ancient and medieval history, science fiction and countercultures. Distorted scales and body proportions, colours and textures depict intuited characters and worlds.

Marianne (2016) is one of several works made by the artist for *Viva Arte Viva*, the central pavilion at the 57th Venice Biennale. Their details, patterns and clothing loosely reference cultures of dress and appearance, such as the masquerade balls that were popular during the Venetian Renaissance.

Marianne forms one of two seated figures. The grounded pose and pale turquoise and mustard surface contrast with the bold clothing and gestures of the other sculptures. Like many of Upritchard's works, the bare-chested figure reflects the free spirit of the hippy generation in the 1960s and alternative cultures. A likely reference to Leonard Cohen's song 'So Long, Marianne' (1967), its title evokes the fortuitous encounters, friendships and affairs which inspired bohemian artists of that period – Cohen's relationship with Marianne Ihlen, for example, whom he met on the Greek Island of Hydra in 1960.

In the original installation, Upritchard positioned *Marianne* so that it would mostly be seen from the side. The closed eyes and head – turned away from the viewer – create an impression of voluntary loneliness. The serene stance could be interpreted as a reminder of the need to respect our friends' and others' desire for solitude. ●MP

Niek van de Steeg 100

Né en 1961 à Renkum, Pays-Bas
Vit et travaille à Villeurbanne, France

Born in 1961 in Renkum, the Netherlands
Lives and works in Villeurbanne, France

Niek van de Steeg crée des installations *in situ* qui combinent souvent éléments architecturaux et approches participatives. Il a décrit son intérêt pour « la relation entre l'art et la société, à travers une vision de la construction, de l'architecture et de l'urbanisme, qui peut être liée à une grande tradition de l'histoire de l'art depuis les avant-gardes russes : la quête d'un modèle de monde nouveau. »

À première vue, les tons gris beiges et les bancs de réfectoire de cette installation évoquent un cadre institutionnel – peut-être un lieu de « correction ». La longue bobine de papier ressemble à un tapis roulant ou à une chaîne de production, ses volutes formant un curieux store qui descend pour recouvrir la table puis rouler sur le sol. La « table de débat » évoquée dans le titre de l'œuvre prend vie quand elle est fréquentée par des participant·es : ami·es qui refont le monde, partenaires d'un domaine intellectuel, personnes qui prennent le temps de réfléchir dans un environnement où de nouvelles idées peuvent éclore. La structure est peut-être une machine à penser, activée par celles et ceux qui s'engagent dans une conversation. Du matériel de dessin est fourni pour que les visiteur·euses puissent écrire et dessiner lorsqu'ils sont en train de réfléchir, qu'ils affinent un point particulier ou griffonnent pendant qu'ils se laissent aller à la rêverie.

1. Niek van de Steeg, Entretien réalisé par Hou Hanru dans le cadre de l'exposition *Yellow Cake & Black Coffee* (Centre d'art Le LAIT, Albi, 2012).

Niek van de Steeg
Structure de correction, table de débat
ca. 2000

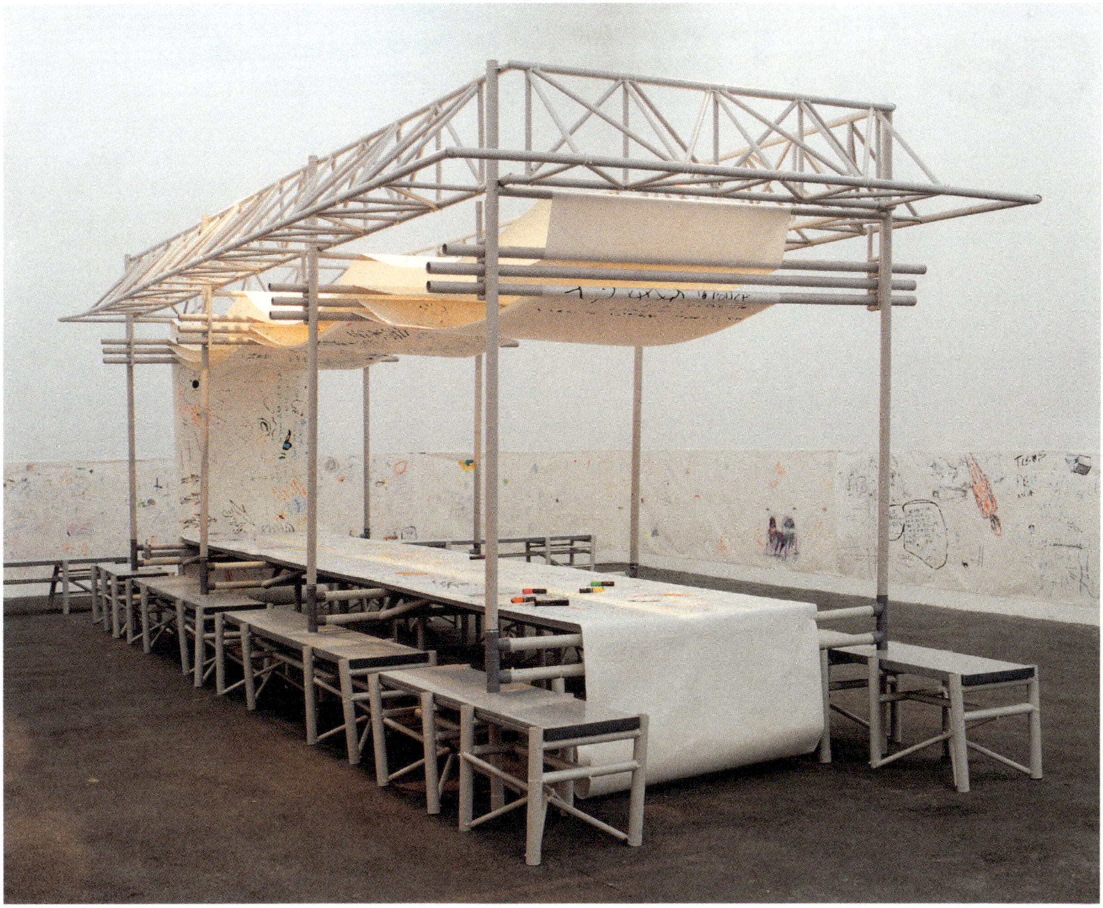

Niek van de Steeg creates site-specific installations that often incorporate architectural and participatory elements. Van de Steeg has described his interest in: 'the relation between art and society, by way of a vision about construction, architecture and urbanism, which can be linked to a great tradition in art history since the Russian avant-gardes: the quest for the model of a new world'.[1]

At first glance, the grey-beige tones and canteen-style benches of this installation are evocative of an institutional setting – perhaps one for 'correction'. The long reel of paper resembles a conveyor belt or production line, its billows forming a curious ceiling that trails down to cover the table and roll onto the floor. The 'debate table' cued in the work's title comes to life when attended by participants: friends setting the world to rights; intellectual sparring partners; and those taking a moment to reflect in an environment where new ideas might blossom. Perhaps the structure is a machine for new thinking, activated by those engaging in conversation. Drawing materials are provided so that people can write and sketch when in the flow of thought, hashing out a particular point, or doodling while they daydream. ●

1. Niek van de Steeg, Interview with Hou Hanru for the exhibition Yellow Cake & Black Coffee (Centre d'art Le LAIT, Albi, 2012).

Lily van der Stokker

Née en 1954 à Bois-le-Duc, Pays-Bas
Vit et travaille à Amsterdam, Pays-Bas, et à New York, États-Unis

Born in 1954 in Hertogenbosch, the Netherlands
Lives and works in Amsterdam, the Netherlands and New York, United States

Lily van der Stokker a développé une pratique multiforme qui associe dessin, peinture murale et sculpture. Dans ses installations conçues spécialement pour chaque espace d'exposition, l'artiste se sert des murs comme d'une toile. Avec leurs couleurs pastel évoquant la féminité et l'enfance, les formes lumineuses, amusantes, pleines d'audace, se répandent dans des lieux institutionnels empreints de sérieux et les métamorphosent en un environnement ludique, semblable à celui d'une bande dessinée. Les mentions manuscrites ironiques qui ponctuent le discours visuel (comme *« 100% stupid »* dans *Mistake Painting* [Erreur peinte], 1991-2018) mettent en lumière et détournent les expressions sexistes qui imprègnent notre quotidien.

Nice and Easy [Agréable et simple] (2002) est une installation pleine de fantaisie associant une peinture murale et un meuble, en l'occurrence un canapé bleu. Des boucles bleu ciel s'enroulent autour de l'objet domestique et s'étendent vers l'extérieur, créant une image tridimensionnelle qui ressemble à la crête d'une vague. Un canapé deux places est par nature un objet qui encourage la proximité et la familiarité et c'est avec une ironie délibérée que Lily van der Stokker place ce meuble dans un cadre institutionnel qui exige souvent des visiteur·euses qu'iels maintiennent une distance avec celles et ceux qui les entourent ainsi qu'avec l'art exposé. Peut-être que, contrairement à son titre, l'installation illustre la difficulté à entretenir des amitiés, en particulier face aux aléas de la vie adulte.

Lily van der Stokker
Nice and Easy
2002

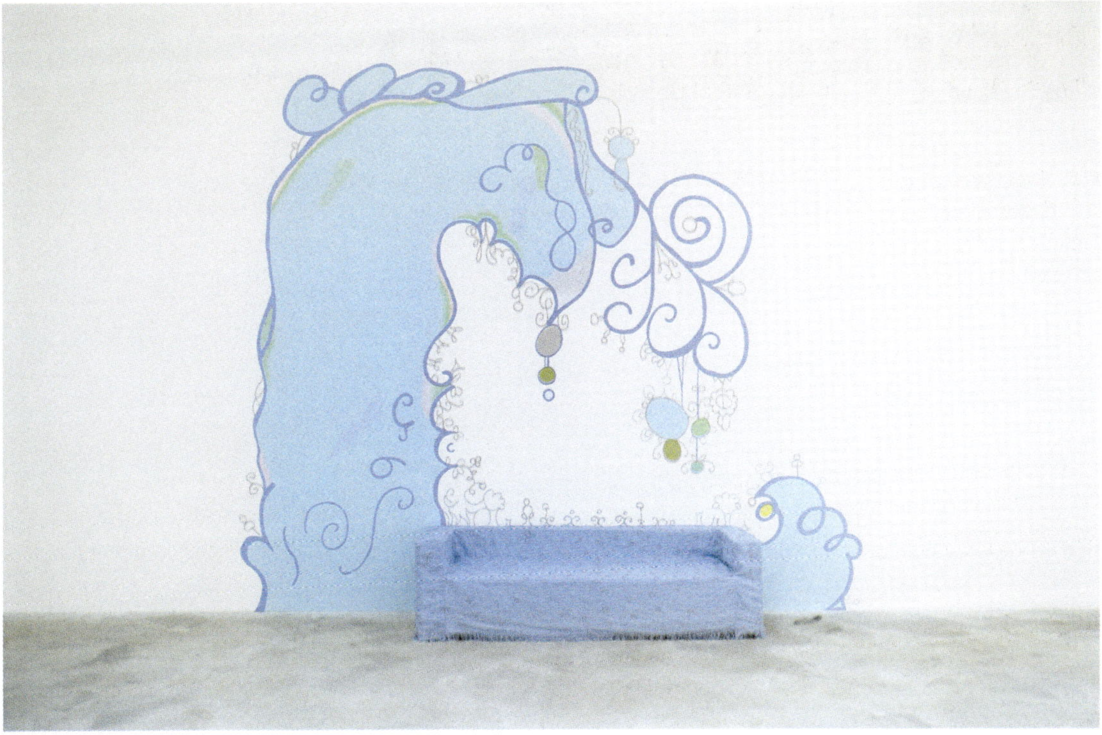

Lily van der Stokker has a multifacted practice, incorporating drawing, wall painting, sculpture, and readymade objects. Creating site-specific installations, van der Stokker uses the gallery wall as her canvas. Using pastel colours associated with femininity and childhood, bright, bold, and playful shapes spread across the institutional setting transforming what is often perceived as a serious space into a fun, comic-book-like landscape. Interspersing her visual language with handwritten text ('100% stupid' from *Mistake painting*, 1991-2018), van der Stokker's irony-infused phrases both highlight and subvert the gendered tropes that permeate everyday life.

Van der Stokker's *Nice and Easy* (2002) is a whimsical installation that combines a mural with furniture: a blue sofa. Pastel blue curlicues wrap around the domestic object and expand outwards, creating a three-dimensional image that resembles the crest of a wave. By design, a two-person sofa is an object that encourages closeness and familiarity and yet, with a knowing irony, van der Stokker places this piece of furniture in an institutional setting that often requires visitors to maintain a distance between those around them and the art on display. Perhaps, contrary to the title, the installation acknowledges how difficult it can be to maintain friendships, particularly in the ebbs and flows of adult life. ●LM

Fabien Verschaere

Né en 1975 à Vincennes, France
Vit et travaille à Paris, France

Born in 1975 in Vincennes, France
Lives and works in Paris, France

Ruisselant de page en page, tracé au mur, précis ou jeté sur le papier, le dessin passionne Fabien Verschaere depuis son enfance. L'artiste est âgé de cinq ans lorsque les médecins lui diagnostiquent une maladie de croissance qui l'oblige à passer de longs séjours à l'hôpital. Pour faire face à la solitude et à la différence, il découvre et s'éprend des bandes dessinées et des livres d'histoire de l'art, qui constituent pour lui autant de répertoires de formes à recopier à travers son regard d'enfant. Il développe ainsi, dès le plus jeune âge, un imaginaire fantasmatique qui lui permet de s'évader dans un monde qu'il crée à sa mesure, dépassant ainsi les démons de la maladie et la violence du regard des autres. En 2007, il écrit et illustre un conte intitulé *Seven Days Hotel* [Sept jours à l'hôtel], déployant sur soixante pages enluminées la quête d'un enfant malade qui part à l'aventure avec une princesse. Ce conte fait écho à l'installation que l'artiste réalise à l'occasion de son exposition du même titre au macLYON la même année. L'artiste transforme le musée en hôtel, à la manière d'une pièce de théâtre, mi-merveilleux, mi-cauchemardesque, et dont les sept chambres sont comme autant d'étapes de sa vie.

Les références de Fabien Verschaere sont nombreuses. Elles relèvent de mythologies populaires telles que les contes de fées qui mêlent des personnages divers comme les chevaliers, princesses, fantômes, sirènes et autres créatures. L'artiste plonge ainsi le·la visiteur·euse dans son univers insolite, rassemblant des figures imaginaires qui laissent libre cours à l'interprétation.

Et pourtant, si l'artiste s'approprie le conte pour inviter les lecteur·rices sur un terrain en apparence connu, celui des trames narratives assimilées et facilement lisibles, le cadre qu'il fabrique n'en est pas moins cruel et porte un regard acéré sur le monde. Fabien Verschaere fait référence à une mythologie personnelle dans laquelle il est aussi le sujet de l'histoire. Contrairement aux contes d'enfance, le sien est bien réel et ne renvoie à aucune morale. La maladie, elle, en est le premier mot. ●ALB

Fabien Verschaere
Seven Days Hotel
2007

105

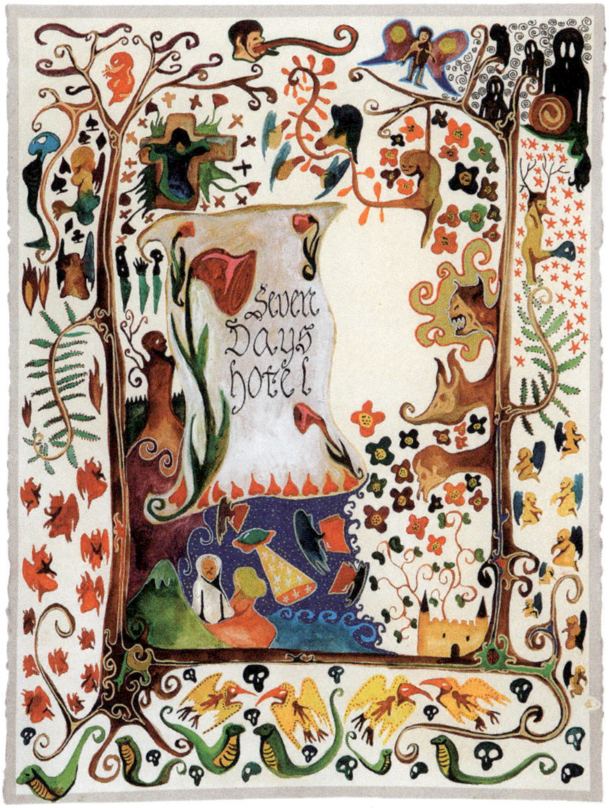

Whether trickling from page to page, drawn carefully on the wall or dashed down on paper, Fabien Verschaere has been passionate about drawing since he was a child. The artist was five years old when doctors diagnosed him with a growth disorder that forced him to spend long periods in hospital. To cope with his loneliness and his difference from other children, he became fascinated with comic strips and art history books. They provided him with a repertoire of forms to copy, seen through his young eyes. As a result, he developed a highly imaginative sense of fantasy from an early age, and he used this faculty to escape into a world of his own where he was able to overcome the demons of his illness and the violence of other people's gaze. In 2007, he wrote and illustrated a story entitled *Seven Days Hotel*, sixty illuminated pages relating the quest of a sick child on an adventure with a princess. The tale echoed the installation which the artist created for his exhibition of the same name at macLYON that same year. Verschaere transformed the museum into a hotel. It became a part magical, part nightmarish stage play, with seven rooms representing different stages in his life.

Verschaere's references are legion; they are drawn from popular mythologies such as fairytales, where the characters are knights, princesses, ghosts, mermaids and other wonderful creatures. The artist plunges the visitor into his strange world of fantasy, leaving ample room for all kinds of interpretations.

And yet, although Verschaere has appropriated fairytales to invite readers into a familiar-feeling world – a world of already assimilated, easily interpreted narrative arcs – the framework he creates possesses a certain cruelty and casts an incisive eye on the world. Verschaere draws on a personal mythology in which he is also the subject of the story. Unlike most children's stories, his is a very real one with no moral ending. Illness is the first and last word.

Fabien Verschaere
Seven Days Hotel
2007

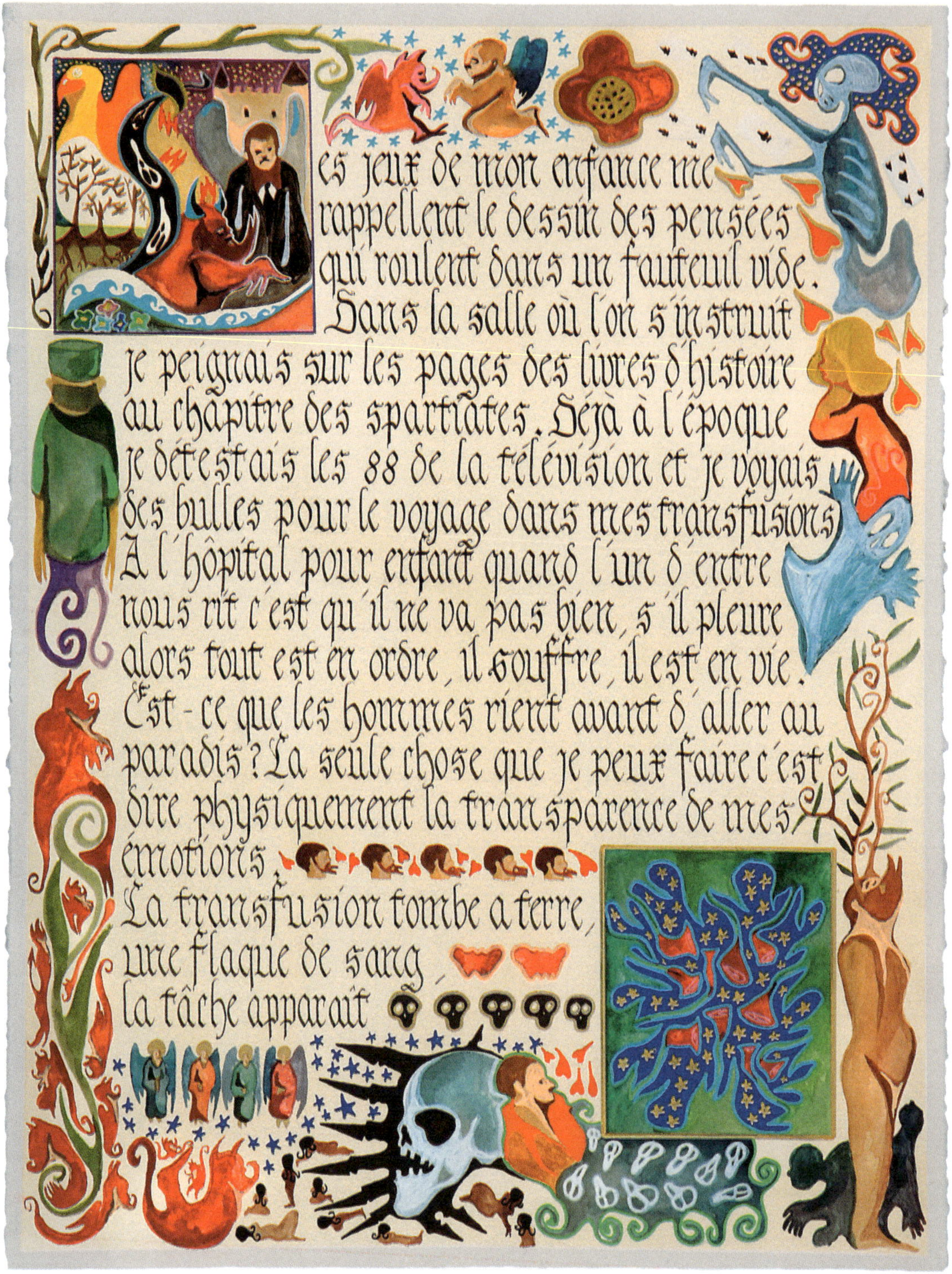

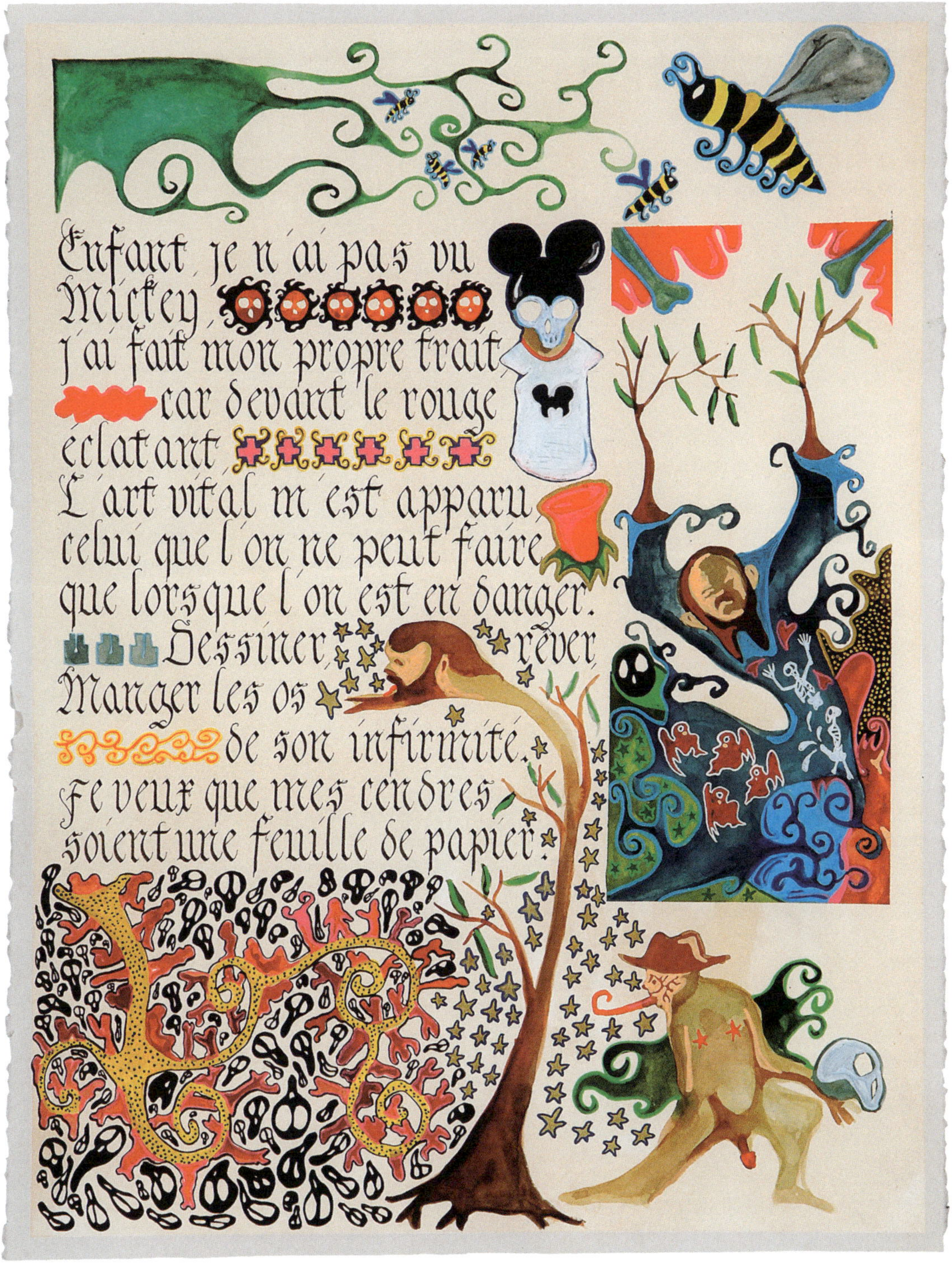

Fabien Verschaere
Seven Days Hotel
2007

Gillian Wearing

Née en 1963 à Birmingham, Angleterre
Vit et travaille à Londres, Angleterre

Born in 1963 in Birmingham, England
Lives and works in London, England

La photographie et la vidéo sont les médiums privilégiés de Gillian Wearing, artiste originaire de Birmingham associée à la génération des Young British Artists. Dès les années 1990, elle se passionne pour la vie quotidienne et ordinaire des Britanniques qu'elle se plaît à documenter, notamment à travers sa série de six cents photographies *Signs That Say What You Want Them to Say and Not Signs That Say What Someone Else Wants You to Say* [Des signes qui disent ce que vous voulez qu'ils disent et non des signes qui disent ce que quelqu'un d'autre veut que vous disiez] (1992-1993), dans laquelle elle photographie des personnes croisées par hasard dans la rue après leur avoir demandé d'écrire un message sur une pancarte révélant leurs pensées. Les photographies et les vidéos de l'artiste captent les confessions et les relations des personnes avec lesquelles elle se lie d'amitié lors de rencontres fortuites. Vie quotidienne, relations intimes, rapports familiaux, contexte sociétal, économique ou politique inquiétant sont autant d'enjeux dans le travail de Gillian Wearing qui dépasse l'anonymat de ses modèles et libère leur parole. Souhaitant rapprocher sa pratique au documentaire plutôt qu'à l'art, elle prolonge ainsi la tradition du portrait photographique honnête et franc initié par des photographes comme Walker Evans ou Diane Arbus.

Son œuvre *Melanie and Kelly* (1997) s'intéresse à la relation amicale qui lie deux jeunes filles. Si Gillian Wearing les immortalise au cours d'un moment de complicité, elle accompagne sa photographie de notes écrites par les deux adolescentes. En effet, l'artiste semble leur avoir demandé de se confier et de décrire chacune leur maison de rêve offrant ainsi des témoignages pleins de tendresse. Gillian Wearing floute les frontières entre privé et public, et transforme l'existence des gens souvent considérée comme banale en un véritable reportage documentaire. ●ALB

Gillian Wearing
Melanie and Kelly
1997

109

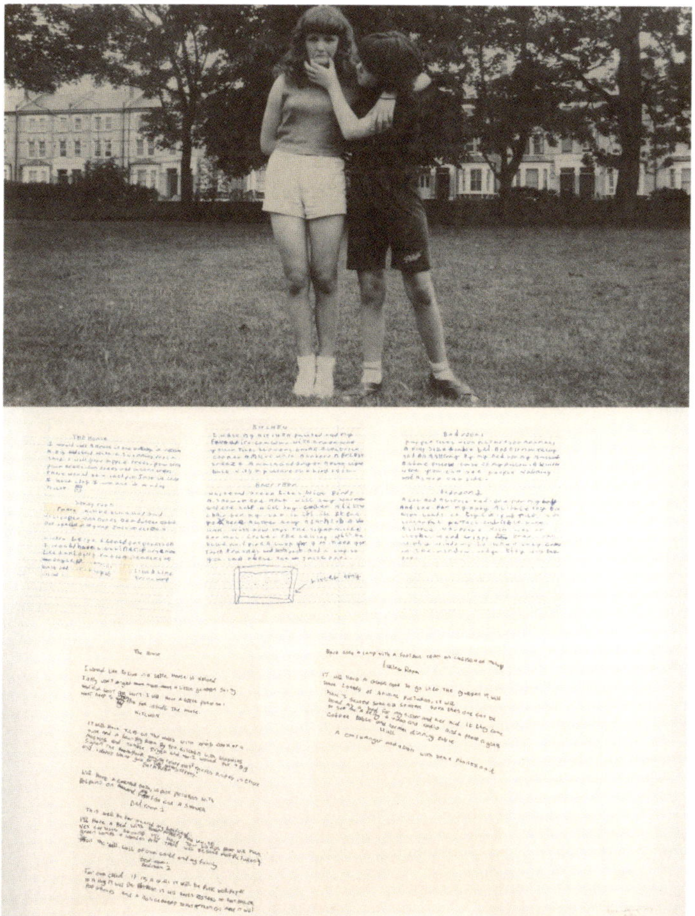

Gillian Wearing works primarily in photography and video. She grew up in Birmingham, and after studying at Chelsea School of Art and Goldsmiths, University of London, she became associated with the Young British Artists. Since the 1990s, she has been fascinated by the ordinary, everyday life of British people, which she has been keen to document, notably through her series of six hundred photographs, *Signs That Say What You Want Them to Say and Not Signs That Say What Someone Else Wants You to Say* (1992–93). She asked people she met in the street to write whatever they were thinking on a card and hold it up, and she photographed the result. Wearing's photographs and videos capture the confessions and relationships of the people she befriends through chance encounters. Everyday life, intimate relationships, family dynamics and the worrying social, economic and political context are all important aspects of her work, which transcends the anonymity of her models and liberates their words. Considering her work to be closer to documentary than to art, Wearing continues a tradition of frank and honest photographic portraiture pioneered by photographers such as Walker Evans and Diane Arbus.

Melanie and Kelly (1997) focuses on the friendship between two young girls. Although Wearing has immortalised them in a moment of complicity, her work is accompanied by notes written by the two teenagers. The artist seems to have asked them to confide in her and to describe their dream home. The result is a series of touchingly affectionate vignettes. Wearing blurs the lines between private and public, transforming lives often dismissed as banal into the subjects of documentary reportage.

Bedwyr Williams

Né en 1974 à St Asaph, Pays de Galles
Vit et travaille à Caernarfon, Pays de Galles

Born in 1974 in Saint Asaph, Wales
Lives and works in Caernarfon, Wales

Bedwyr Williams se sert d'une grande variété de médias, dont la performance, le film, le dessin, la peinture et la sculpture, souvent présentés simultanément dans le cadre d'une installation. À travers cette pratique multidisciplinaire, Bedwyr Williams explore l'identité galloise et, plus récemment, le paysage politique, physique et économique du Pays de Galles depuis le référendum de 2016 sur le Brexit et la pandémie de Covid-19. Bedwyr Williams a vécu à Londres, après avoir étudié durant une courte période à Central Saint Martins, puis est retourné au Pays de Galles en 2000, où il réside actuellement.

Tout au long de sa carrière, il a produit des dessins humoristiques monochromes à l'encre, à travers lesquels il pose un regard satirique sur la vie quotidienne et en particulier sur les mécanismes et les institutions du monde de l'art. Ses œuvres reflètent, de manière indirecte, son expérience personnelle d'artiste gallois naviguant au sein de l'establishment artistique londonien, et il y incorpore souvent des textes pour parodier conservateur·rices, artistes et collectionneur·euses.

Best Buddy [Le meilleur copain] (2015) est un dessin à l'encre noire dans lequel de simples lignes dynamiques définissent une forme curviligne, celle d'un animal. Le titre évoque le surnom attribué par les maîtres à leurs animaux de compagnie bien-aimés et la forme, ambiguë, pourrait bien être la silhouette d'un chien couché en boule, vu de dos. Les animaux sont souvent utilisés comme métaphores de l'amitié et des dynamiques de pouvoir, à caractère conflictuel, en jeu dans ces liens amicaux. Les amitiés peuvent être considérées comme des transactions, susceptibles d'être cultivées et entretenues à distance, chaque partie obtenant quelque chose en retour. Si l'on considère *Best Buddy* de ce point de vue, l'œuvre pourrait faire allusion à la relation d'attraction et de répulsion entre les artistes et les acteurs du monde de l'art – les uns ont soif d'intimité tandis que les autres font tout pour l'éviter. Elle peut aussi être lue d'un point de vue politique comme un commentaire sur la relation faite d'attachement et d'inimitié entre l'Angleterre et le pays de Galles.

Bedwyr Williams
Best Buddy
2015

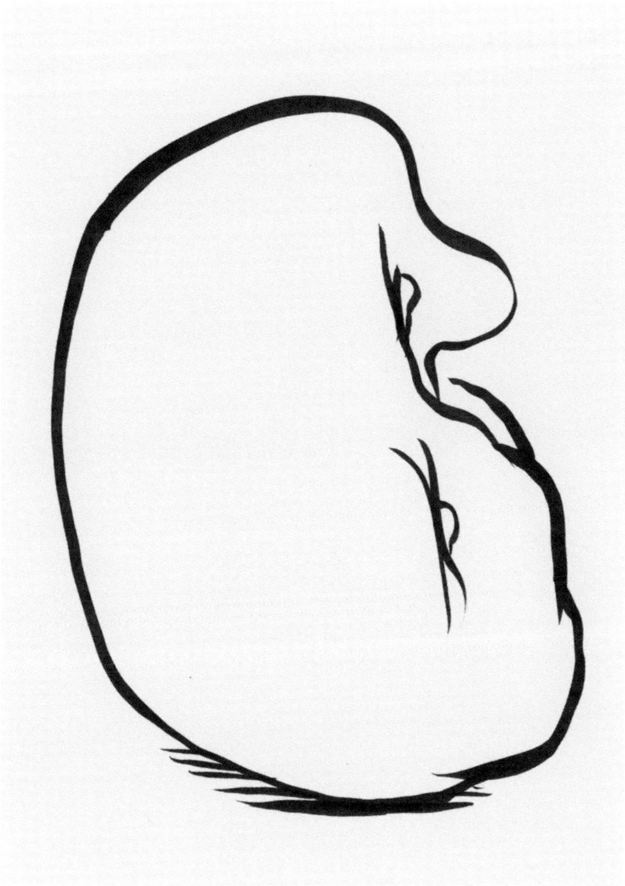

Bedwyr Williams works with a variety of media including performance, film, drawing, painting and sculpture, often displayed simultaneously in the form of an installation. Through his multidisciplinary practice, Williams explores Welshness and in recent years, the political, material and economic landscape of Wales since the 2016 European Union membership referendum and the impact of the Covid-19 pandemic. Williams lived in London after studying at Central Saint Martins for a short period before moving back to Wales in 2000, where he currently resides.

Throughout his career, Williams has produced humorous monochrome ink drawings that satirise daily life, particularly the tenets and infrastructure of the art world. The drawings obliquely reflect on his personal experience as a Welsh artist navigating the London-centric art establishment, often incorporating text to parody curators, artists and art collectors.

Best Buddy (2015) is an ink drawing consisting of bold, simple lines that form a curvaceous shape, that of an animal. The title is evocative of the nickname attributed by owners to their beloved pets and the ambiguous form could be a curled-up figure of a dog as seen from behind. Animals are often used as metaphors for friendship and the conflicting power dynamics at play within these relationships. Friendships can be transactional; cultivated and maintained at a distance with the knowledge that each party gets something in return. Viewing *Best Buddy* from this perspective, the work could allude to the push and pull relationship between the artist and members of the art world – one person craves intimacy and the other actively avoids it – and can be read on a geopolitical level as a comment on the 'frenemy' relationship between England and Wales. ●LM

Rose Wylie 112

Née en 1934 dans le Kent, Angleterre
Vit et travaille dans le Kent, Angleterre

Born in 1934 in Kent, England
Lives and works in Kent, England

Rose Wylie peint des toiles libres et spontanées de grand format, parfois raturées, gribouillées ou recollées à la manière de compositions d'enfants. Âgée de quatre-vingt-neuf ans, l'artiste a une pratique artistique centrée sur le dessin et la peinture. Elle s'inspire de son observation des choses, celles qui attirent son regard et son attention. Ses sources sont diverses et relèvent de ses humeurs, de l'histoire, de la publicité, du cinéma mais aussi de l'actualité et des ragots de célébrités. Peu intéressée par une nécessité de réalisme, Rose Wylie intercepte ses propres réflexions et souvenirs qu'elle transpose sur la toile. Le dessin est important, la peinture est brute et l'œuvre ne relève pas du raffinement, au contraire. Ses immenses compositions fragmentées mêlent textes et motifs répétés rappelant les techniques du collage et les dispositifs de cadrages cinématographiques.

Bagdad Cafe (2015) est issu de la série *Film Notes*, qui dépeint et combine des images et des moments de films extraits de sa mémoire. Ici, Rose Wylie s'intéresse au film *Bagdad Café*, réalisé par Percy Adlon en 1987, qui raconte l'amitié naissante entre Jasmine Münchgstettner, une touriste bavaroise abandonnée par son mari, et Brenda la gérante d'un motel dans le désert californien, véritable refuge pour des personnalités marginales et touchantes. Frappée par la force des personnages et de la musique dans le film, elle rassemble et mêle ses impressions et sensations au sein d'une composition inattendue. L'artiste fusionne les deux personnages principaux du film en une seule figure, révélant ainsi l'ambiguïté de leur tendre amitié. La feuille de liseron que le personnage porte en chapeau et qui sert à représenter la plume de la femme bavaroise évoque un gramophone et la musique de Jean-Sébastien Bach dans le film. Grâce à une peinture simple et une composition d'apparence naïve, l'artiste privilégie la lisibilité et l'accessibilité et achève sa recherche d'un langage universel. ●ALB

Rose Wylie
Bagdad Cafe (Film notes)
2015

113

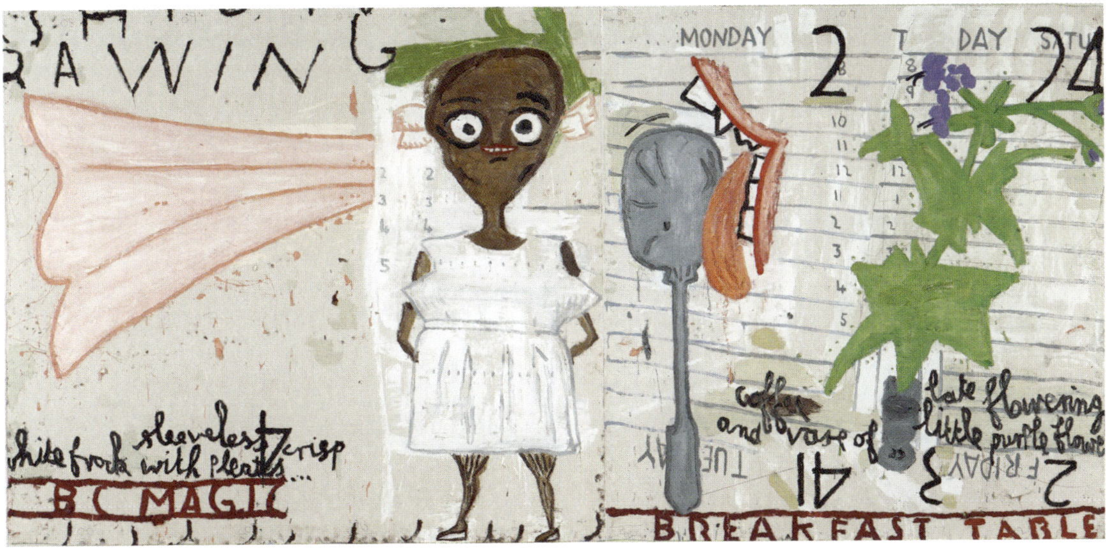

Rose Wylie paints free and spontaneous, large-format canvases, often full of crossings-out, scribbled over or pasted together like children's paintings. At the age of eighty-nine, her artistic practice is centred on drawing and painting. She draws inspiration from observing things that catch her eye and engage her attention. Her sources are wide-ranging, influenced by her mood, history, advertising and films,but also by current affairs and celebrity gossip. Wylie feels no great need for realism, but rather draws on her own musings and memories, which she transposes onto canvas. The draughtsmanship is important, whereas the painting is crude and the work has nothing polished about it – quite the opposite, in fact. Her vast, fragmentary compositions combine text and repeated motifs reminiscent of collage techniques and cinema framing devices.

Bagdad Cafe (2015) is part of a series called *Film Notes*, which depicts and combines images and film sequences plucked from her memory. Wylie's subject here is the 1987 film *Bagdad Cafe*, directed by Percy Adlon, which tells the story of the blossoming friendship between Jasmin Münchgstettner, a Bavarian tourist abandoned by her husband, and Brenda, who runs a truck stop and motel in the Californian desert. The cafe is a refuge for touchingly marginal characters. Struck by the vitality of the characters and the music used in the film, Wylie has melded her impressions and sensations into an unexpected composition. She has merged the film's two protagonists into a single character, thereby revealing the ambiguity of their affectionate friendship. The leaf of bindweed that this figure wears in her hat and which represents the Bavarian woman's feather is evocative of a gramophone and the music of Johann Sebastian Bach in the film. With the simplicity of her painting and the apparent naivety of her composition, the artist has given priority to accessibility and ease of interpretation, thereby succeeding in her quest for a universal language.

Lynette Yiadom-Boakye

Née in 1977 à Londres, Angleterre
Vit et travaille à Londres, Angleterre

Born in 1977 in London, England
Lives and works in London, England

Lynette Yiadom-Boakye peint des portraits énigmatiques. Elle a suivi le cours préparatoire de Central Saint Martins en 1997 et a obtenu un diplôme de premier cycle à la Falmouth School of Art en 2000. C'est au cours de sa maîtrise en 2003, à la Royal Academy Schools, qu'elle change de démarche pour travailler sans qu'une narration ou une ligne directrice ne vienne dicter ses compositions. Elle décide de ne pas représenter des personnages réels. Ceux de ses peintures sont donc fictifs, chacun étant une figure composite, issue à la fois de son imagination et d'une expérience vécue. Utilisant des albums pour consigner ses rencontres et les impressions ressenties face aux objets, aux personnes et aux lieux, l'artiste fait indirectement référence au monde à la fois fictionnel et réel qui l'entoure. Principalement composée de personnes noires, sa peinture restitue une énergie ou une attitude plutôt que l'histoire définitive d'un individu ou d'un groupe.

Condominium (2005) est une peinture à l'huile qui représente une femme noire souriante dans une pose allongée, soutenant le regard du public, sa tête nonchalamment appuyée sur la paume de sa main gauche. L'épaisseur des touches de peinture apparaît comme la marque spontanée d'une technique de peinture en relief. Le fond est neutre, soulignant l'absence de spécificité du modèle : la femme existe en dehors d'un temps et d'un lieu identifiables. Avec *Condominium*, Lynette Yiadom-Boakye déclare qu'elle a pensé « aux puissants, à ceux qui sont capables, à ceux qui sont politiquement actifs, à ceux qui croient en la camaraderie et à ceux qui dépendent d'eux[1] ». Alors que le corps du personnage occupe une grande partie de la toile, il résiste à l'emprise du format : la palette de couleurs audacieuses de son corps l'ancre dans la douce lumière pommelée du fond peint.

1. Lynette Yiadom-Boakye, lettre de l'artiste, août 2005, site du British Council (visualarts.britishcouncil.org/) consulté le 8 janvier 2024.

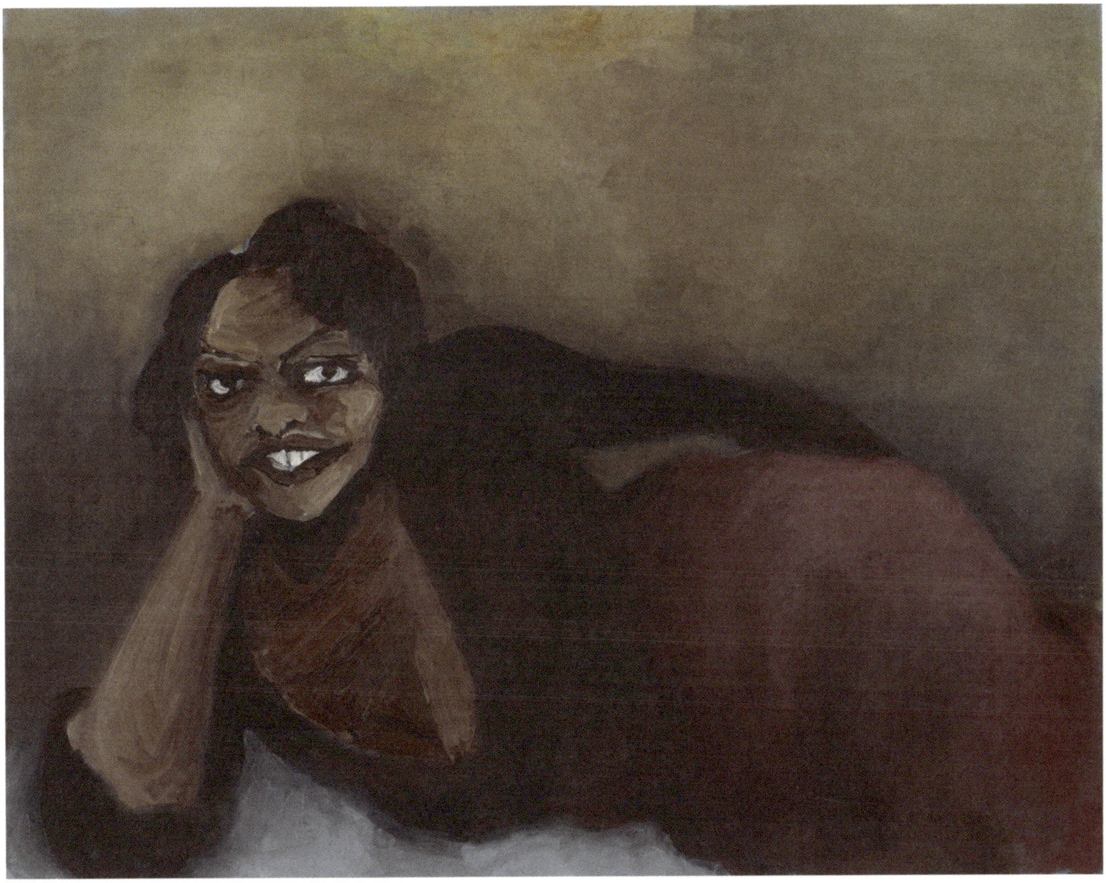

Lynette Yiadom-Boakye is a painter of enigmatic portraits. She undertook a foundation course at Central Saint Martins in 1997 and obtained an undergraduate degree from Falmouth School of Art in 2000. During her MA in 2003 at the Royal Academy Schools, she changed direction to work without an overarching narrative or aim dictating the painting process. Deciding not to use real sitters, the figures in her paintings are fictitious, each a composite of Yiadom-Boakye's imagination and lived experience. Using scrapbooks to record her encounters with and appreciation for objects, people and places, Yiadom-Boakye indirectly references the fictional and real world around her through her painting. Predominantly featuring Black figures, her work offers an energy or attitude rather than a definitive story of a person or group.

Condominium (2005) is an oil painting which depicts a smiling Black female figure in a reclining pose, who meets the viewer's gaze whilst nonchalantly propping her head up with the palm of her left hand. The thick brushstrokes reveal a spontaneous mark-marking evocative of a tactile painting process. The backdrop is muted, highlighting a lack of specificity in the work – the figure exists outside of an identifiable time and place. Yiadom-Boakye states that with *Condominium*, 'I was thinking about the powerful, the able, the politically active, those who believe in camaraderie and their dependents' [1]. Whilst the figure's body takes up much of the canvas, she resists being contained by it: the bold colour palette of her body anchors her within the soft dappled light of the painted backdrop. ●LM

1. Lynette Yiadom-Boakye, letter from the artist, August 2005 in the British Council's website (visualarts.britishcouncil.org/) consulted 8 January 2024.

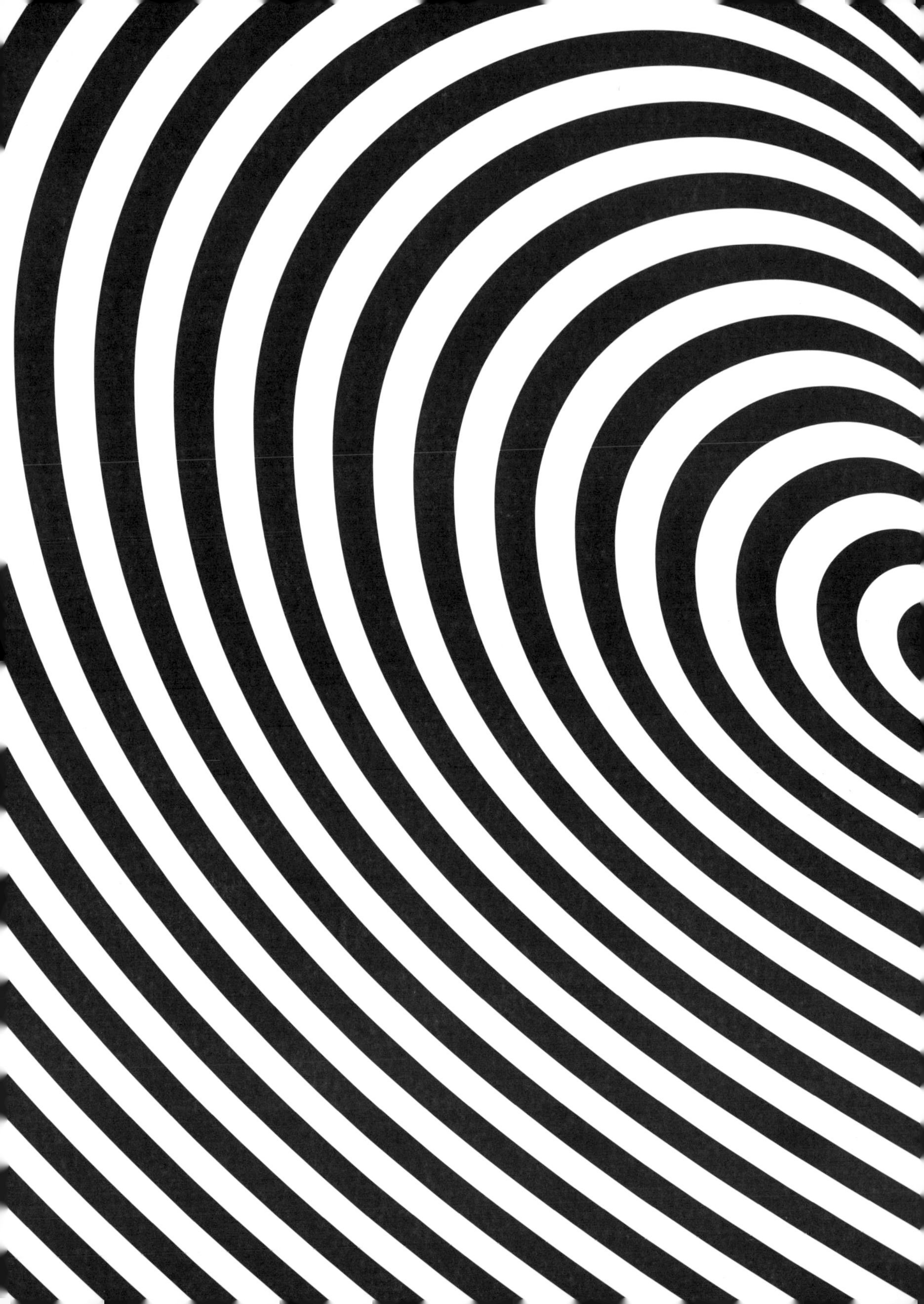

Liste des œuvres exposées
List of Exhibited Artworks

Kenneth Armitage
Friends Walking, 1952
Bronze
54,5 × 64 × 10,5 cm
British Council
Collection – P289

Kenneth Armitage
Two Seated Figures,
1952
Bronze
23,7 × 37,5 × 28,3 cm
Collection British
Council – P292

Kenneth Armitage
*Study for Large
Seated Group*, 1957
Bronze
25,5 × 38 × 15 cm
British Council
Collection – P293

Tereza Bušková
Clipping the Church,
2016
Vidéo couleur, son |
Video, colour, sound
Durée | *Duration:* 8'14''
Courtesy de l'artiste |
of the artist

Sonia Boyce
Pillow Case, 1990
Tissu teinté, stylo,
crayon | *Dyed fabric,
pen, crayon*
169 × 208,5 cm
British Council
Collection – P6008

Pogus Caesar
*Dinner Ladies,
Birmingham, UK*, 1984
Série | *Series
Schwarz Flaneur*,
débutée en |
started in 1983
Photographie noir
et blanc, 35 mm |
*Black-and-white
photograph, 35* mm
34 × 44 cm
Courtesy de l'artiste
et | *of the artist and*
OOM Gallery Archive

Pogus Caesar
*Builders, Birmingham
UK*, 1986
Série | *Series
Schwarz Flaneur*,
débutée en |
started in 1983
Photographie noir
et blanc, 35 mm |
*Black-and-white
photograph, 35 mm*
34 × 44 cm
Courtesy de l'artiste
et | *of the artist and*
OOM Gallery Archive

Pogus Caesar
*Sweeter than Wine,
Tunisia*, 1986
Série | *Series
Schwarz Flaneur*,
débutée en |
started in 1983
Photographie noir
et blanc, 35 mm |
*Black-and-white
photograph, 35 mm*
34 × 44 cm
Courtesy de l'artiste
et | *of the artist and*
OOM Gallery Archive

Pogus Caesar
*Cocoa Butter, St Kitts,
West Indies*, 1997
Série | *Series
Schwarz Flaneur*,
débutée en |
started in 1983
Photographie noir
et blanc, 35 mm |
*Black-and-white
photograph, 35 mm*
34 × 44 cm
Courtesy de l'artiste
et | *of the artist and*
OOM Gallery Archive

Pogus Caesar
*In Passing,
Birmingham, UK*, 2001
Série | *Series Schwarz
Flaneur*, débutée en |
started in 1983
Photographie noir
et blanc, 35 mm |
*Black-and-white
photograph, 35 mm*
34 × 44 cm
Courtesy de l'artiste
et | *of the artist and*
OOM Gallery Archive

Pogus Caesar
*The Lovers, Lake
Como, Italy*, 2002
Série | *Series
Schwarz Flaneur*,
débutée en |
started in 1983
Photographie noir
et blanc, 35 mm |
*Black-and-white
photograph, 35 mm*
34 × 44 cm
Courtesy de l'artiste
et | *of the artist and*
OOM Gallery Archive

Pogus Caesar
Senorita, Spain, 2003
Série | *Series
Schwarz Flaneur*,
débutée en |
started in 1983
Photographie noir
et blanc, 35 mm |
*Black-and-white
photograph, 35* mm
34 × 44 cm
Courtesy de l'artiste
et | *of the artist and*
OOM Gallery Archive

Pogus Caesar
*Patron Centro,
Naples, Italy*, 2004
Série | *Series
Schwarz Flaneur*,
débutée en |
started in 1983
Photographie noir
et blanc, 35 mm |
*Black-and-white
photograph, 35 mm*
34 × 44 cm
Courtesy de l'artiste
et | *of the artist and*
OOM Gallery Archive

Pogus Caesar
*Me Bess Fren,
Cape Town,
South Africa*, 2007
Série | *Series
Schwarz Flaneur*,
débutée en |
started in 1983
Photographie noir
et blanc, 35 mm |
*Black-and-white
photograph, 35 mm*
44 × 34 cm
Courtesy de l'artiste
et | *of the artist and*
OOM Gallery Archive

Pogus Caesar
See Dat, London,
2008
Série | *Series
Schwarz Flaneur*,
débutée en |
started in 1983
Photographie noir
et blanc, 35 mm |
*Black-and-white
photograph, 35 mm*
34 × 44 cm
Courtesy de l'artiste
et | *of the artist and*
OOM Gallery Archive

Patrick Caulfield
*I've Only the
Friendship of Hotel
Rooms*, 35/100, 1973
Sérigraphie |
Screenprint
61 × 56 cm
British Council
Collection – P5046

Liste des œuvres exposées
List of Exhibited Artworks

Jimmie Durham
Our House, 4/25, 2007
Pointe sèche sur plaque de cuivre | *Dry point on copperplate*
29,7 × 42 cm
British Council Collection – P8102

Tracey Emin
Birds 2012, 2011
Lithographie | *Lithograph*
76 × 60 cm
British Council Collection – P8376

Marie-Anita Gaube
La Lutte amoureuse, 2016
Diptyque, huile et graphite sur toile | *Diptych, oil and graphite on canvas*
180 × 240 cm
Musée municipal Paul-Dini, Villefranche-sur-Saône

Lola Gonzàlez
Le Langage et l'amitié, essai n° 1, 2018
Vidéo couleur, son | *Coloured video, sound*
Durée | *Duration*: 4'44''
Courtesy de l'artiste et | *of the artist and* Marcelle Alix, Paris

Lola Gonzàlez
Yuyan & Dédé, 2019
Vidéo couleur, son | *Coloured video, sound*
Durée | *Duration*: 49''
Courtesy de l'artiste et | *of the artist and* Marcelle Alix, Paris

Lola Gonzàlez
Anouk & Lola, 2020
Vidéo couleur, son | *Coloured video, sound*
Durée | *Duration*: 2'42''
Courtesy de l'artiste et | *of the artist and* Marcelle Alix, Paris

Emma Hart
Pepsi and Shirley, 2017
Céramique émaillée, acier | *Glazed ceramic, steel*
53 × 69 × 104 cm
British Council Collection – P8651

Lubaina Himid
Have Courage in The Crisis Set Yourself Free, 2016
Peinture acrylique sur papier | *Acrylic paint on paper*
72 × 102 cm
British Council Collection – P8649

Géraldine Kosiak
Clarissa, la tête dada et le Roi-Cerf, hommage à Sophie Taeuber-Arp, 2023
Série | *Series* *Mon cher, ma chère*
Broderie et technique mixte sur tissu | *Embroidery and mixed media on fabric*
160 × 120 cm
Courtesy de l'artiste | *of the artist*

Géraldine Kosiak
Un intérieur, les vases et la cheminée, hommage à Valentine Schlegel, 2023
Série | *Series* *Mon cher, ma chère*
Peinture acrylique sur carton | *Acrylic paint on card*
140 × 100 cm
Courtesy de l'artiste | *of the artist*

Géraldine Kosiak
À bas la guerre, hommage à Claude Cahun, 2024
Série | *Series* *Mon cher, ma chère*
Broderie et technique mixte sur tissu | *Embroidery and mixed media on fabric*
155 × 100 cm
Courtesy de l'artiste | *of the artist*

Géraldine Kosiak
Organic music, le dragon, la communauté, hommage à Moki Cherry, 2024
Série | *Series* *Mon cher, ma chère*
Broderie et technique mixte sur tissu | *Embroidery and mixed media on fabric*
155 × 100 cm
Courtesy de l'artiste | *of the artist*

Géraldine Kosiak
Un nuage sur le bateau, les gants, et la tasse, hommage à Meret Oppenheim, 2024
Série | *Series* *Mon cher, ma chère*
Broderie et technique mixte sur tissu | *Embroidery and mixed media on fabric*
155 × 100 cm
Courtesy de l'artiste | *of the artist*

Delaine Le Bas
What We Don't Know Won't Hurt Us? (Self Portrait), 2006-2018
Technique mixte | *Mixed Media*
293 × 54 × 13 cm
British Council Collection – P8680

Markéta Luskačová
Children in Playground I, Liverpool, 1988
Tirage argentique | *Silver print*
40 × 50,5 cm
British Council Collection – P7474

Markéta Luskačová
Children in Playground II, London, 1988
Tirage argentique | *Silver print*
40 × 50,5 cm
British Council Collection – P7473

Markéta Luskačová
Children in Playground IV, London, 1988
Tirage argentique | *Silver print*
40 × 50,5 cm
British Council Collection – P7472

Rachel Maclean
The Lion and The Unicorn, 2012
Vidéo couleur, son | *Video, colour, sound*
Durée | *Duration*: 11'30''
British Council Collection – P8546
Courtesy de l'artiste | *of the artist*

Goshka Macuga
Make Tofu Not War, 2018
Tapisserie 3D | *3D Tapestry*
293 × 447 cm
British Council Collection – P8683

Madame Yevonde
The Kind Lion I, tirage de 1998 à partir d'un négatif de 1934 | *1998 print from 1934 negative*
Transfert hydrotypique à partir d'un négatif original | *Permaprint dye-transfer print from original neg*
50,7 × 40,6 cm
British Council Collection – P7001

Madame Yevonde
The Kind Lion II, tirage de 1998 à partir d'un négatif de 1934 | *1998 print from 1934 negative*
Transfert hydrotypique à partir d'un négatif original | *Permaprint dye-transfer print from original neg*
50,7 × 40,6 cm
British Council Collection – P7002

Gordon Matta-Clark
The Wall, 1976-2007
Vidéo couleur, son | *Video, colour, sound*
Durée | *Duration* : 15'04"
Collection macLYON – Inv. 2008.2.3.14
Achat à Electronic Arts Intermix le 09.09.2008 | *Purchased from Electronic Arts Intermix on the 09.09.2008*

Hetain Patel
Don't Look at the Finger, 2017
Video couleur, son | *Video, colour, sound*
Durée | *Duration* : 16'09"
British Council Collection – P8677

Paula Rego
Untitled, 1986
Série | *Series Girl and Dog*
Peinture acrylique sur papier | *Acrylic paint on paper*
112 × 76 cm
British Council Collection – P5484

Paula Rego
Four Girls Playing with a Dog, 37/50, 1987
Gravure | *Etching*
43 × 38,5 cm
British Council Collection – P5597

Paula Rego
Snare, 1987
Peinture acrylique sur papier monté sur châssis | *Acrylic paint on paper mounted on canvas*
150 × 150 cm
British Council Collection – P5485

Luke Routledge
Strangelets, 2024
Technique mixte | *Mixed media*
Dimensions variables | *Variable dimensions*
Courtesy de l'artiste | *of the artist*

Niek van de Steeg
Structure de correction, table de débat, ca. 2000
Installation
303 × 290 × 930 cm
Collection de l'artiste | *Collection of the artist*
Dépôt au Musée d'art contemporain de Lyon depuis le | *On deposit at the Lyon Museum of Contemporary Art since* 08.06.2009 – D 2009.1.1

Lily van der Stokker
Nice and Easy, 2002
Installation : peinture murale et canapé recouvert d'une housse brodée – Peinture acrylique, mousse synthétique, tissu, médium | *Installation: wall painting and couch covered with embroidered slipcover – Acrylic paint, synthetic foam, fabric, medium*
375 × 426 × 79 cm
FNAC 03-759 / Achat en 2004
Collection Centre national des arts plastiques (France)
Dépôt au Musée d'art contemporain de Lyon depuis le | *On deposit at the Lyon Museum of Contemporary Art* since 18.05.2005 – D 2005.9.1

Francis Upritchard
Marianne, 2016
Armature en acier et papier aluminium, peinture, matériel de modelage, papier mâché | *Steel and aluminium foil, paint, modelling material, papier mâché*
55 × 38 × 47 cm
British Council Collection – P8670

Fabien Verschaere
Seven Days Hotel, 2007
60 dessins enluminés | *60 illuminated drawings*
77 × 57,8 cm chacun | *each*
Collection macLYON – Inv. 2007.10.1
Don de l'artiste en 2008 | *Donated by the artist in 2008*

Bedwyr Williams
Best Buddy, 2015
Encre sur papier | *Ink on paper*
30 × 21 cm
British Council Collection – P8629

Gillian Wearing
Melanie and Kelly, 1997
Sérigraphie | *Screenprint*
114,3 × 88,9 cm
British Council Collection – P6941

Rose Wylie
Bagdad Cafe (Film Notes), 2015
Diptyque, huile sur toile | *Diptych, oil on canvas*
182 × 372 cm
British Council Collection – P8603

Lynette Yiadom-Boakye
Condominium, 2005
Huile sur lin | *Oil on linen*
121 × 150,5 cm
British Council Collection – P7938

Remerciements
Acknowledgments

Nous tenons à remercier Grégory Doucet, maire de Lyon, et Nathalie Perrin-Gilbert, adjointe au maire de Lyon, déléguée à la culture, ainsi que le directeur général des services de la Ville de Lyon, Jérôme Maillard, et le directeur général adjoint délégué à la culture, Xavier Fourneyron pour leur soutien. | *We would like to thank Grégory Doucet, Mayor of Lyon, and Nathalie Perrin-Gilbert, Deputy Mayor of Lyon in charge of Culture, as well as the Director General of the City of Lyon Municipal Departments, Jerôme Maillard, and the Deputy Director General for Culture, Xavier Fourneyron, for their support.*

Nous souhaitons remercier chaleureusement le British Council pour son généreux soutien et l'ensemble de ses équipes pour leur accompagnement et leur disponibilité, tout particulièrement | *We warmly thank the British Council for its generous support and all its teams for their assistance and their availability, especially:*
British Council Londres : Emma Dexter, Jasmine Lau, Moira Lindsay, Emily Oldfield, Amy Ormrod, Miranda Spacey, Jonathan Stubbs
British Council Paris: Sarah Bagshaw, Anne Duncan, Petya Hristova, Sandrine Mahieu

L'équipe du British Council |
The British Council team

● British Council en France | *British Council France*
Directrice et Présidente | *Country Director*
Anne Duncan
Directrice de projets et de partenariats artistiques | *Head of Arts*
Sarah Bagshaw
Directrice de UK/FR Spotlight on Culture 2024 |
Head of UK/FR Spotlight on Culture 2024
Petya Hristova
Responsable de projets, Arts |
Project Manager, Arts
Sandrine Mahieu
Responsable de communication |
Communications Manager
Lucie Leclerc-Vasallo
Coordinateur communication |
Communications coordinator
Thomas Martinez

● British Council au Royaume-Uni |
British Council in the UK
Directrice des Arts visuels | *Director Visual Arts*
Emma Dexter
Directrice adjointe de la Commission au Pavillon de la Grande-Bretagne à la Biennale de Venise 2024 et Directrice de programmes, Arts visuels | *Deputy Commissioner of the British Pavilion at the Venice Biennale 2024 and Director of Programmes, Visual Arts*
Miranda Stacey
Responsable de partenariats institutionnels, Arts visuels | *Senior Relationship Manager, Visual Arts*
Jonathan Stubbs
Chargée de partenariats institutionnels, Arts visuels | *Relationship Manager, Visual Arts*
Leah McGurk
Directrice de Collection | *Head of Collection*
Moira Lindsay
Responsable de prêts | *Loans Manager*
Emily Oldfield
Coordinatrice de prêts | *Loans Coordinator*
Amy Ormrod
Coordinatrice de documentation, Collection |
Collection Content Coordinator
Jasmine Lau

Nos plus vifs remerciements vont aux artistes |
Our sincere thanks to the artists.

Nous souhaitons exprimer notre gratitude aux prêteur·euses | *We would like to express our gratitude to the lenders:* British Council Collection, Centre national des arts plastiques, Galerie Marcelle Alix, Musée municipal Paul-Dini, Villefranche-sur-Saône

Ainsi qu'à | *And*: Angela Blanc, chargée des arts visuels à l'Institut français du Royaume-Uni, Naima Cherry, Frédérick Du Chayla, l'association Le Grenier du Tremplin et plus particulièrement Karima, Patricia, Fatima, Lilya et Florence, Isabelle Manci, attachée culturelle/cheffe du Service Arts visuels et Spectacle vivant à l'Ambassade de France/Institut français du Royaume-Uni, Marion Ménard, directrice du Musée municipal Paul-Dini, Hélène Nguyen-Ban, Présidente de Fluxus Art Projects, Monsieur Proton-Capillery et son équipe, Béatrice Salmon, directrice du Centre National des Arts Plastiques, Marguerite Soulier, Martine et Pascal Soulier, Violaine Daniels, Kristen Wangsness

Nous souhaitons remercier l'ensemble des équipes de l'Ikon et du macLYON.| *We would like to thank all the teams at Ikon and macLYON.*

L'équipe de l'Ikon Gallery | *Ikon Gallery team*

● Administration | *Administration*
Directeur général | *Chief Executive Officer*
Ian Hyde
Responsable du service financier |
Head of Finance
Julie Nicholls
Assistante du directeur général |
General Manager & Executive Support
Rachel Matthews

● Expositions | *Exhibitions*
Directrice artistique, expositions |
Artistic Director, Exhibitions
Melanie Pocock
Chargée des expositions | *Assistant Curator*
Lucy Mounfield
Assistante des expositions | *Curatorial Assistant*
Ugbad Yussuf

● Service pédagogique | *Education*
Directrice artistique, programmes éducatifs |
Artistic Director, Education
Linzi Stauvers
Chargé de production et de programmation culturelle | *Producer, Art in Prisons*
James Latunji-Cockbill
Coordinatrice du programme jeunesse Ikon |
Ikon Youth Programme Coordinator
Rosie Abbey
Coordinateur pédagogique | *Education Coordinator*
Will Kew
Chargé de recherche en santé publique |
Public Health Research Officer
Regan McDonald

● Technique | *Technical*
Chef des opérations | *Head of Operations*
Matt Hogan
Responsable technique | *Senior Technical Manager*
Alan Armstrong
Coordinateur technique | *Facilities Coordinator*
Richard Short
Coordinateur des bateaux | *Slow Boat Coordinator*
Dharmendra Parmar

● Développement & Boutique |
Development & Retail
Responsable développement et partenariats |
Development & Partnerships Manager
Kerry Hawkes
Responsable des services commerciaux et des visiteurs | *Commercial & Visitor Services Manager*
Pippa Somervell
Coordinatrice de l'accueil et des événements |
Front of House & Events Coordinator
Megan Linekar-Wright
Assistantes boutique | *Ikon Shop Assistants*
Mengxia Liu, Katharine Wade

● Communication | *Communications*
Responsable de la communication |
Head of Communications
Rebecca Small
Chargée du numérique et des données |
Digital & Data Manager
Emily Luxford
Webmestre, chargée de communication |
Social Media & Communications Coordinator
Czarena Brown

● Conseil d'administration de l'Ikon | *Ikon Board*
Lee Brocklehurst
Rachel Chiu
John Claughton
Councillor Jayne Francis
Professor Helen Higson OBE DL (Chair)
Sam Jones
James Leo
Harminder Randhawa
Sandeep Shambi
Nick Smith
Liam Smyth

Remerciements
Acknowledgments

L'équipe du macLYON | *macLYON team*

● Pôle musées d'art Ville de Lyon (MBA/MAC) | *Lyon Art Museums*
Directrice générale | General Director
Sylvie Ramond

● Direction | *Directors*
Directrice | *Museum Director*
Isabelle Bertolotti
Secrétaire général | *Secretary-General*
Julien Némoz

● Collection | *Collections*
Responsable du service collection | *Head of Collections*
Matthieu Lelièvre
Régisseur général | *General Registar*
Pierre-Loïc Bailleul
Chargée d'inventaire et de documentation | *Inventory and Documentation Manager*
Audrey El Beze
Régisseuse de la collection | *Collections Registrar*
Lauriane Vatin
Assistante technique de réserve | *Assistant Stores Technician*
Lise Bouthors

● Expositions & Éditions | *Exhibitions & Publications*
Responsable des expositions et des éditions | *Head of Exhibitions and Publications*
Marilou Laneuville
Chargées des expositions et des éditions | *Assistant Curators*
Bérangère Amblard, Auregann Le Bouffant
Chargée des éditions | *Publishing Coordinator*
Lola Carrel
Régisseuse des expositions | *Exhibitions Registrar*
Yuna Le Rudulier
Assistant·es régisseur·euses | *Assistant Registar*
Anton Stelmach, Manon Kiening
Stagiaires | *Interns*
Kenza Briand, Éléa Rousset

● Communication | *Communications*
Responsable du service communication | *Head of Communications*
Muriel Jaby
Chargée de communication | *Communications Officer*
Élise Vion-Delphin
Webmestre, chargée de communication numérique | *Webmaster, Community Manager*
Marie Galvez
Assistante de développement / Chargée de privatisations | *Corporate Relations and Events Manager*
Françoise Haon
Stagiaires | *Interns*
Myriam Chouiref, Tatiana Potier

● Programmations-médiations | *Events, Outreach & Cultural Mediation*
Responsable du service programmations-médiations | *Head of Events, Outreach and Cultural Mediation*
Françoise Lonardoni
Chargée de la programmation culturelle | *Senior Producer, Cultural Events*
Sylvianne Lathuilière
Chargé des actions culturelles | *Senior Producer, Cultural Projects*
Fanny Ventre
Chargée de la médiation culturelle | *Senior Producer, Educational Projects*
Fanny Thaller
Chargée de l'accueil et des réservations | *Reception and Reservations Manager*
Muriel Fueris
Assistante de programmation culturelle | *Assistant Producer, Cultural Events*
Elsa Daviau
Médiateurs | *Cultural Mediators*
Diane Besson, Alessandra Calovi, Chloé Elvezi, Emma Mosley
Stagiaire | *Intern*
Chloé Bruère Dawson, Sanaé Lecompte

● Administration | *Administration*
Responsable ressources | *Head of Resources*
Emilie Gordon
Régisseur comptable | *Accountant Manager*
Franck Balandras
Agent de gestion administrative, Assistante de direction | *Office Manager, Executive Assistant*
Anaïck Leparoux

● Iconographie | *Iconography*
Iconographe | *Picture Editor*
Milène Jallais